AMADEU MARQUES

Say It Right!

EXERCÍCIOS DE PRONÚNCIA COM RESPOSTAS

EXERCÍCIOS e

DISAL EDITORA

Assistente editorial: Gabriela Canato.
Projeto gráfico e edição de arte de miolo: Ary Normanha
Ilustrações: Roberto Negreiros.
Capa: Alberto Mateus

Dados Internacionais de Catalogação na Publicação (CIP)
(Câmara Brasileira do Livro, SP, Brasil)

Marques, Amadeu
Say it right! : exercícios com respostas / Amadeu Marques. – Barueri, SP : DISAL, 2007.

ISBN: 978-85-89533-86-7

1. Inglês - Atividades, exercícios etc. 2. Inglês - Estudo e ensino - Brasileiros 3. Inglês - Pronúncia por estrangeiros 4. Inglês - Uso I. Título.

07-9357 CDD-428

Índices para catálogo sistemático:
1. Inglês para brasileiros : Lingüística aplicada : Pronúncia 428
2. Pronúncia : Inglês para brasileiros : Lingüística aplicada 428

DISAL EDITORA

Al. Mamoré, 911 – sala 107, Alphaville
06454-040, Barueri – SP
Tel./Fax: **55 11 4195-2811**

Visite nosso site: www.disaleditora.com.br

VENDAS
Televendas: (11) 3226-3111
Fax gratuito: 0800 7707 105/106
E-mail para pedidos: comercialdisal@disal.com.br

Esta ***AGENDA*** de *365* ***exercícios,***

UM PARA CADA DIA DO ANO,

tem o ***SAY IT RIGHT!*** — ***GUIA PRÁTICO DE PRONÚNCIA***

como fonte de referência. Após a consulta ao livro, as respostas

poderão ser confirmadas na p. 197. Faça os exercícios

BIT BY BIT, devagar e sempre, em ritmo de maratona.

Vá destacando, com uma *MARKER PEN*, por exemplo,

as palavras que apresentam novidade ou dificuldade para você.

As que não aparecem no ***SAY IT RIGHT!*** — ***GUIA***

PRÁTICO DE PRONÚNCIA ou são consideradas

básicas ou pronunciam-se como seria de esperar,

não se constituindo em **"ARMADILHAS"** para nós.

When the English tongue we speak,

*Why is **break** not rhymed with **freak**?*

Good question. Let ***SAY IT RIGHT!*** help you find the answer.

JANUARY

THE JOURNEY OF A THOUSAND MILES
BEGINS WITH ONE PACE.
THE RUNNERS ARE ALL SMILES,
AT THE START OF THE RACE.

JANUARY 1

Drawer [gaveta], na pronúncia mais comum, tem:

a) duas sílabas; b) uma sílaba só.

Na pronúncia mais comum, a palavra rima com **door** [porta] e **four** [quatro]. Curiosamente, se você escrever **drawer** de trás para a frente, terá uma simpática palavra que rima com **adored** [pret. e part. de **adore** (adorar)]. Qual é essa palavra?

JANUARY 2

Como você pronuncia **tongue** [língua]? A forma correta é rimando com:

a) **young** [jovem]; b) **long** [longo/a].

JANUARY 3

High [alto/a] rima com **fly** [voar]. E **height** [altura] rima com:

a) **eight** [oito]; b) **flight** [vôo].

JANUARY 4

O que **Brazil** e **Japan** têm em comum? Entre muitas (e mais importantes) afinidades, são nomes acentuados na:

a) primeira sílaba; b) segunda sílaba.

JANUARY 5

Em **soft** [macio/a; mole; suave] o **t**:

a) é pronunciado; b) não é pronunciado.

Mas em **soften** [amaciar; amolecer; suavizar], o **t**:

a) é pronunciado; b) não é pronunciado.

Já em **often** [freqüentemente], a forma mais comum é:

a) com o **t** mudo; b) com o **t** pronunciado.

JANUARY 6

No sobrenome (artístico) de **Marilyn Monroe** (nome verdadeiro: Norma Jean Baker), a sílaba tônica é:

a) a primeira [MONroe];

b) a última [monROE], rimando com **show**.

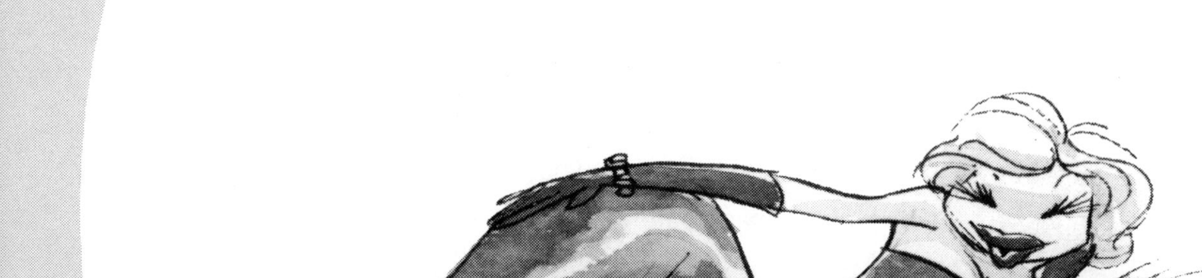

JANUARY 7

Como você pronuncia **comb** [pente; pentear]? A forma correta rima com:

a) **bomb** [bomba; bombardear];

b) **home** [lar].

E **bomb** rima com:

a) **comb**; b) **Tom** (nome próprio).

JANUARY 8

Das palavras deste item, só uma rima com **over**, o **o** com som de /oʊ/. Qual é essa palavra?

a) **cover** [capa; cobrir];

b) **lover** [amante];

c) **clover** [trevo];

d) **discover** [descobrir];

e) **recover** [recuperar(-se)];

f) **uncover** [destapar; descobrir].

JANUARY 9

Country [país; campo] e **county** [condado] aproximam-se na ortografia. Quanto à pronúncia, o som de /aʊ/ (como em **cow** [vaca]) aparece no início de:

a) ambas; c) só de **country**;

b) só de **county**; d) nenhuma das duas.

JANUARY 10

Sweet [doce] rima com **feet** [pés], mas não com:

a) **heat** [calor]; b) **great** [grande; ótimo/a].

Sweat [suor; suar] rima com **wet** [molhado/a], mas não com:

a) **threat** [ameaça]; b) **treat** [tratar].

JANUARY 11

Answer [resposta; responder] rima com **dancer** [dançarino/a]. Uma das letras em **answer** não é pronunciada. Nessa palavra o:

a) **w** é mudo; b) **n** é mudo.

JANUARY 12

Como você diz **front** [frente]? Na forma correta, **front** rima com:

a) **don't**; b) **hunt** [caçar].

JANUARY 13

Pear [pêra] soa como **pair** [par], rimando com:

a) **tear** [lágrima]; b) **tear** [rasgar].

Pear rima com **bear** [urso; suportar], mas não com:

a) **swear** [jurar; xingar];

b) **fear** [medo; temer, recear].

JANUARY 14

Em **heir** [herdeiro], o **h** é mudo. A palavra é pronunciada como:

a) **air** [ar];
b) **hair** [cabelo];
c) **hare** [lebre];
d) **her** [ela; a ela].

JANUARY 15

Listen [escutar], **fasten** [apertar; fixar], **moisten** [umedecer]. Tomando a pronúncia dessas palavras como exemplo, concluímos que o **t** entre **s** e **en**:

a) é pronunciado;
b) não é pronunciado.

JANUARY 16

Flour [farinha] rima com **hour** [hora], mas não com:

a) **pour** [despejar; servir];
b) **sour** [azedo/a].

JANUARY 17

Bull [touro] rima com **pull** [puxar], mas não com:

a) **skull** [crânio];
b) **full** [cheio/a].

JANUARY

18

André Previn é um nome verdadeiramente internacional. Previn é maestro honorário da Orquestra Sinfônica de Londres, mas vive na Suíça. Seu nome verdadeiro é Andreas Ludwig Priwin, músico e compositor norte-americano, de origem alemã. Seu sobrenome sugere pronúncia "à francesa", mas na verdade a sílaba que é acentuada é a:

a) primeira; b) última.

Previn rima com **Kevin** (nome próprio).

JANUARY

19

Toad [sapo] rima com **road** [estrada], mas não com:

a) **load** [carga; carregar];
b) **broad** [largo/a].

JANUARY 20

O som vocálico na primeira sílaba de **Boeing**, fábrica norte-americana de aviões a jato, não é aberto, como nós vulgarmente o pronunciamos. Na verdade **Boeing** rima com:

a) **showing** [mostrando];
b) **destroying** [destruindo].

JANUARY 21

Thirst [sede] rima com **first** [primeiro/a] e **burst** [estourar], mas não com:

a) **worst** [pior]; b) **fist** [punho].

JANUARY 22

O som vocálico em **warm** [quente] e **worm** [verme; minhoca]:

a) é o mesmo; b) é diferente.

Warm rima com **swarm** [enxame] e com **storm** [temporal].

Worm rima com **firm** [firma; firme] e com **germ** [germe].

JANUARY 23

Apesar da proximidade na forma ortográfica, **deaf** [surdo/a]:

a) rima;
b) não rima

com **leaf** [folha].

Deaf rima com **chef** [cozinheiro-chefe] enquanto **leaf** rima com **chief** [chefe; cacique; principal].

JANUARY 24

Ghost [fantasma] rima com **most** [mais; maioria], mas não com:

a) **host** [anfitrião; hospedeiro];
b) **post** [correio];
c) **boast** [gabar-se];
d) **toast** [torrada];
e) **lost** [pret. e part. de **lose** (perder)].

JANUARY 25

Pray [rezar] rima com **day**. Mas o substantivo **prayer** [reza, oração] pronuncia-se com:

a) uma sílaba; b) duas sílabas,

rimando com:

a) **chair** e **pear** [pêra];
b) **player** [jogador(a)].

JANUARY 26

Beast [animal] rima com **feast** [banquete], mas não com:

a) **least** [mínimo/a; menor];
b) **breast** [peito, seio].

JANUARY 27

No nome **Cambridge**, famosa cidade universitária inglesa, a primeira parte (**Cam**) soa como:

a) **come** [vir];
b) **came** [pret. de **come**].

JANUARY 28

Perfect, no seu uso mais comum, como adjetivo [perfeito/a], tem como sílaba tônica a primeira [PERfect], que rima com **fur** [pele — de animal] e **sir** [senhor]. Quando usada como verbo [aperfeiçoar], acentua-se:

a) também a primeira;
b) a última, rimando com **correct**.

JANUARY 29

Woman [mulher], **wolf** [lobo], **bosom** [seio]. Nas três palavras o **o** soa como a vogal em:

a) **put**; b) **go**.

JANUARY 30

Castle [castelo], **whistle** [assobio; assobiar; apito; apitar], **wrestle** [lutar corpo a corpo]. Tomando a pronúncia dessas palavras como exemplo, concluímos que o **t** entre **s** e **le**:

a) é pronunciado;
b) não é pronunciado.

JANUARY 31

Ate [pret. de **eat**], na pronúncia britânica mais comum, rima com:

a) **get**; b) **gate** [portão].

Na pronúncia americana, **ate** rima com:

a) **get**; b) **gate**.

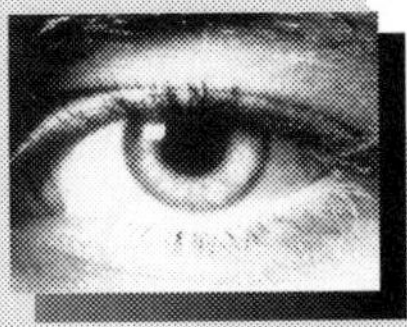

A Second Look at **JANUARY**

Assinale as SUAS questões deste mês.

Das 31 questões de janeiro, ____ tinham novidades para mim.

Marquei _____ pontos, um para cada resposta certa.

Destaquei estas palavras:

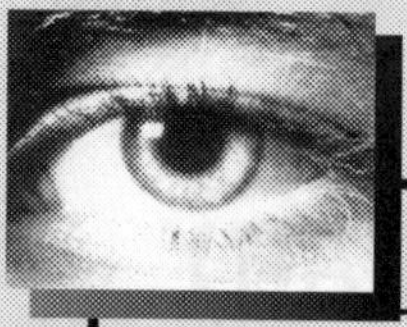

FEBRUARY

THANK GOD IT'S FEBRUARY,
THE PERFECT MONTH TO CELEBRATE:
THIRTY-ONE DAYS HAS JANUARY,
BUT THIS MONTH HAS TWENTY-EIGHT...

FEBRUARY 1

O **b** antes de **t** na mesma sílaba não é pronunciado. Assim, assinale a única, destas palavras, em que se pronuncia o **b**:

a) **doubt** [dúvida; duvidar];
b) **subtle** [sutil];
c) **debt** [débito; dívida];
d) **subtract** [subtrair].

FEBRUARY 2

Nos substantivos **house** [casa], **mouse** [camundongo] e **louse** [piolho], o som final é de:

a) /s/; b) /z/.

FEBRUARY 3

Em **b<u>u</u>ry** [enterrar], na pronúncia mais comum, o **u** tem um som inesperado. A palavra rima com:

a) **very**; b) **hurry** [apressar(-se)].

FEBRUARY 4

Em **Maugham**, sobrenome do escritor inglês William Somerset Maugham, a pronúncia é de:

a) uma sílaba só;
b) duas sílabas.

Assemelha-se à pronúncia de **mom** [mamãe].

5

Observe a acentuação das palavras destacadas:

elegance/elegant [ELegance/ELegant];

resistance/resistant [reSIStance/reSIStant] (o primeiro **s** tem som de /z/);

adolescence/adolescent [adoLEScence/adoLEScent] (a sílaba tônica soa como **less** [menos]).

Em **independence/independent** o acento tônico recai na terceira sílaba [indePENdence/indePENdent], como também acontece em:

a) **elegance/elegant**;
b) **resistance/resistant**;
c) **adolescence/adolescent**.

FEBRUARY

6

O som de **u** em **cushion** [almofada] é o mesmo da vogal em:

a) **push** [empurrar];
b) **brush** [escova; escovar].

FEBRUARY

7

Of Love and Other Demons é o título, em inglês, de um dos romances de Gabriel García Márquez, o consagrado escritor colombiano. Como você pronuncia **demon**? Sabendo que a palavra é sinônimo de **devil**, **evil spirit**, e levado pela semelhança com o vocábulo **demônio** em português, dificilmente você diria que a vogal em **demon** tem som de:

a) /e/; b) /i:/.

Na verdade **demon** rima com:

a) **lemon** [limão]; b) **seaman** [marinheiro].

FEBRUARY

8

Em **bush** [arbusto] ou **Bush** (sobrenome, George Bush, ex-presidente dos EUA), o **u** soa como em **put**, e não como em **but**. A palavra rima com:

a) **brush** [escova; escovar];
b) **push** [empurrar].

FEBRUARY

9

Em **busy** [ocupado/a], **business** [negócio] e também em **lettuce** [alface], o **u** tem som de:

a) /ʊ/; b) /ɪ/.

Busy rima com **dizzy** [tonto/a].

FEBRUARY **10**

Shove [empurrão; empurrar] rima com **love** [amor; amar], mas não com:

a) **stove** [fogão]; b) **glove** [luva].

FEBRUARY **11**

Das palavras em destaque, dez rimam com **here** [aqui] e cinco com **there** [aí; ali; lá]. Identifique, em cada série, a palavra que está em minoria (quanto ao som).

a) **ear** [ouvido]; **hear** [ouvir]; **pear** [pêra].

b) **near** [perto]; **bear** [urso]; **rear** [retaguarda].

c) **clear** [claro/a]; **gear** [engrenagem]; **wear** [usar, vestir].

d) **fear** [medo]; **tear** [rasgar]; **spear** [lança].

e) **tear** [lágrima]; **swear** [jurar; xingar]; **dear** [caro/a].

FEBRUARY **12**

Em **lonely** [só, solitário/a], pronunciam-se:

a) duas sílabas, omitindo-se o som do **e**;

b) três sílabas, pronunciando-se o **e**.

Lonely:

a) rima; b) não rima

com **only** [só, apenas].

FEBRUARY 13

Won [pret. e part. de **win** (vencer)] pronuncia-se como **one**. **Won** e **one** rimam com **son** [filho], **sun** [sol] e **none** [nenhum(a)], mas não rimam com:

a) **done** [part. de **do**];
b) **gone** [part. de **go**].

FEBRUARY 14

O nome da cantora irlandesa **Sinead** O'Connor é pouco comum. Tem duas sílabas, acentuando-se a última [siNEAD], que rima com:

a) **made** [feito]; b) **need** [precisar (de)].

FEBRUARY 15

Read [ler] rima com **lead** [levar; conduzir; chefiar]. A forma de pretérito e particípio de **read** rima com o substantivo **lead** [chumbo]. Assim sendo, **lead** [chumbo] rima com:

a) **bread** [pão];
b) **bead** [conta — de colar].

FEBRUARY 16

Na pronúncia mais comum de **safety** [segurança], o **e**:

a) é pronunciado; b) não é pronunciado.

Nesse caso, a palavra tem:

a) duas sílabas; b) três sílabas,

acentuando-se a primeira [SAFEty], que soa como **safe** [seguro/a].

FEBRUARY 17

Formas de particípio como **grown** [crescido], **known** [conhecido] e **shown** [mostrado] rimam com:

a) **down** [para baixo];
b) **own** [próprio/a; possuir].

Palavras como **brown** [marrom, castanho], **clown** [palhaço] e **crown** [coroa] rimam com:

a) **down**; b) **own**.

E **drown** [afogar(-se)], **gown** [vestido longo], **frown** [franzir as sobrancelhas] rimam com:

a) **down**; b) **own**.

FEBRUARY 18

Sour [azedo/a] rima com **power** [poder; força] e também com:

a) **shower** [chuveiro];
b) **floor** [chão; andar (pavimento)].

FEBRUARY 19

O sobrenome do escritor norte-americano **Michael Crichton**, autor de *Jurassic Park, Congo* e muitos outros sucessos, tem uma pronúncia um tanto inesperada. **Crichton** rima com:

a) **written** [escrito];

b) **brighten** [abrilhantar] e
Brighton (cidade da Inglaterra).

FEBRUARY 20

Na pronúncia britânica de **iron** [ferro; passar a ferro], o **r**:

a) é pronunciado; b) não é pronunciado.

Nessa forma, **iron**:

a) rima; b) não rima

com **lion** [leão].

FEBRUARY 21

Em **over** [por cima; sobre], o som do **o** é /oʊ/, como em duas palavras deste item. Qual é a palavra que destoa, o **o** com som de /ʌ/, como em **l<u>o</u>ve**?

a) **open** [aberto/a; abrir];
b) **oven** [forno];
c) **omen** [presságio, agouro].

FEBRUARY 22

Measure [medida; medir] rima com **treasure** [tesouro] e também com **leisure** [lazer], este último na pronúncia:

a) britânica; b) americana.

FEBRUARY 23

Das afirmações a seguir, uma é incorreta. Qual?

a) **Say** [dizer] rima com **pay** [pagar] e com **weigh** [pesar].

b) **Says** [diz] não rima com **pays** [paga] nem com **ways** [caminhos; modos].

c) **Said** [disse; dito] rima com **paid** [paguei; pagou; pago] e com **bed** [cama].

FEBRUARY 24

Uma das afirmações a seguir está incorreta, porque numa das palavras destacadas o **a** tem som diferente das demais. Qual é essa palavra?

a) **Spanish** [espanhol(a)] rima com **Danish** [dinamarquês/dinamarquesa].

b) **Banish** [banir, expulsar] rima com **vanish** [desaparecer].

FEBRUARY 25

Abroad [no/para o exterior] rima com **broad** [largo/a], mas não com:

a) **god** [deus];
b) **fraud** [fraude; impostor(a)];
c) **applaud** [aplaudir];
d) **load** [carga; carregar].

FEBRUARY 26

Letras mudas. Combine as colunas, encontrando as letras que, em cada palavra, não são pronunciadas.

1. **chalk** [giz]
2. **thumb** [polegar]
3. **castle** [castelo]
4. **heir** [herdeiro]
5. **answer** [resposta; responder]

a) O **t** é mudo.
b) O **h** é mudo.
c) O **l** é mudo.
d) O **w** é mudo.
e) O **b** é mudo.

FEBRUARY 27

Os três verbos deste item têm uma característica em comum, quanto à pronúncia. Qual?

listen [escutar] **christen** [batizar] **glisten** [brilhar]

a) O **n** é mudo.
b) O **t** é mudo.
c) A tônica é a última.

FEBRUARY 28

Em **Joan** (nome próprio), pronuncia-se uma sílaba só. O mesmo acontece em **loan** [empréstimo; emprestar], **moan** [gemido; gemer] e **groan** [gemido; gemer], todas rimando com:

a) **gone** [ido];
b) **done** [feito];
c) **stone** [pedra].

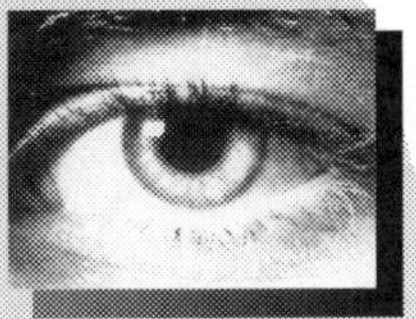

A Second Look at **FEBRUARY**

Assinale as SUAS questões deste mês.

Das 28 questões de fevereiro, ____ tinham novidades para mim.

Marquei _____ pontos, um para cada resposta certa.

Destaquei estas palavras:

MARCH

The British say
March comes in like a lion
(As hard and cold as iron),
Day by day.
But March goes out like a lamb
(As nice and sweet as jam),
So they say.

MARCH 1

O verbo **pronounce** [pronunciar] rima com **announce** [anunciar], o **ou** com som de /aʊ/. Mas no substantivo **pronunciation**

a) existe; b) não existe

ou, tanto na pronúncia quanto na grafia. Rima com **punctuation** [pontuação].

MARCH 2

Homófonos. Combine as colunas encontrando as palavras que, apesar de grafia e significado diferentes, têm a mesma pronúncia.

1. **tail** [rabo, cauda]	a) **weather** [tempo]
2. **flour** [farinha]	b) **so** [assim, portanto; tão]
3. **waist** [cintura]	c) **tale** [conto, história]
4. **whether** [se]	d) **waste** [desperdiçar]
5. **sew** [costurar]	e) **flower** [flor]

MARCH 3

Abel (nome próprio) soa como **able** [capaz] e, das palavras em destaque, só não rima com uma. Qual?

a) **table** [mesa]; c) **rabble** [ralé]; e) **cable** [cabo];

b) **fable** [fábula]; d) **label** [rótulo]; f) **stable** [estável].

Podemos concluir que a consoante dobrada após o **a** altera o som da vogal.

SAY IT RIGHT!

MARCH

MARCH 4

Rimas. Combine as colunas, encontrando as palavras que rimam.

1. **height** [altura]	a) **smoke** [fumaça; fumar]
2. **climb** [escalar]	b) **hoarse** [rouco/a]
3. **folk** [povo; gente]	c) **site** [local]
4. **course** [curso]	d) **worse** [pior]
5. **curse** [praga; palavrão]	e) **time** [tempo; vez]

MARCH 5

A pronúncia de **minute** [minuto] é fácil e bem conhecida. Mas quando a palavra é usada como adjetivo [diminuto/a, minúsculo/a] a sílaba tônica é:

a) a primeira [MInute];
b) a segunda [miNUTE].

No adjetivo, o **i** tem som de /aɪ/, e a palavra rima com **compute** [computar].

MARCH 6

Em **allow** [permitir], a sílaba tônica é a última [aLLOW], rimando com **now**. Das palavras destacadas, indique a única que não rima com **allow**.

a) **cow** [vaca];
b) **how** [como];
c) **sow** [semear];
d) **plow** [arado; arar];
e) **vow** [promessa solene; jurar].

MARCH 7

Homófonos. Combine as colunas, encontrando as palavras que, apesar de grafia e significado diferentes, soam igual.

1. **knot** [nó]	a) **seen** [visto]
2. **aisle** [corredor]	b) **higher** [mais alto/a]
3. **scene** [cena]	c) **not** [não]
4. **alter** [alterar]	d) **isle** [ilha]
5. **hire** [alugar]	e) **altar** [altar]

MARCH 8

Em **liquor** [bebida alcoólica], a sílaba tônica é a primeira [LIQ(u)or], que soa como **lick** [lamber]. O **u** não é pronunciado e a palavra rima com:

a) **picker** [apanhador(a)];
b) **speaker** [orador(a)].

MARCH 9

O que têm em comum, quanto à pronúncia, **handkerchief** [lenço] e **handsome** [bonito; bonitão]?

a) Têm duas sílabas.
b) Têm três sílabas.
c) O **d** é mudo.
d) O **h** é mudo.

MARCH 10

Nas palavras deste item, o **u** soa /ʊ/ como em **p<u>u</u>t**. Só uma delas destoa, tendo o **u** som de /ʌ/ como em **b<u>u</u>t**. Qual é essa palavra?

full [cheio/a]	**push** [empurrar]
pull [puxar]	**bush** [arbusto]
bull [touro]	**bullet** [bala]
bully [valentão]	**budget** [orçamento]
cushion [almofada]	**butcher** [açougueiro]

MARCH 11

Charles Francis Richter (1900-1985) foi um cientista americano que criou a escala usada para expressar a intensidade de um terremoto, a escala de Richter. Em contraste com a forma popularizada entre nós, o **ch** nesse nome tem som de:

a) /k/; b) /ʃ/ como em **<u>sh</u>ow**.

Richter rima com **victor** [vitorioso/a] e **Victor** (nome próprio).

MARCH 12

Qual das afirmações abaixo é incorreta?

a) **Break** [quebrar] rima com **steak** [bife], mas não com **leak** [vazamento; vazar].

b) **Done** [feito] rima com **none** [nenhum(a)], mas não com **gone** [ido; sumido].

c) **Great** [grande] rima com **gate** [portão], mas não com **straight** [reto/a; direto/a].

MARCH 13

Letras mudas. Combine as colunas, encontrando as letras que, em cada palavra, não são pronunciadas.

1. **calm** [calmo/a]	a) O **h** é mudo.
2. **comb** [pente; pentear]	b) O **t** é mudo.
3. **knowledge** [conhecimento]	c) O **b** é mudo.
4. **honest** [honesto/a]	d) O **l** é mudo.
5. **Christmas** [Natal]	e) O **k** é mudo.

MARCH 14

Rimas. Combine as colunas, encontrando as palavras que rimam.

1. **tongue** [língua]	a) **cooler** [mais fresco/a]
2. **rule** [regra; dominar]	b) **young** [jovem]
3. **ruler** [régua; dominador(a)]	c) **hot** [quente]
4. **yacht** [iate]	d) **cool** [fresco/a]
5. **bury** [enterrar]	e) **very** [muito]

MARCH 15

Em **count** [conde; contar], **county** [condado] e **south** [sul] o **ou** tem o mesmo som de:

a) /aʊ/ como em **c<u>ow</u>** [vaca];
b) /ʌ/ como em **y<u>ou</u>ng** [jovem].

Em **country** [país; campo] e **southern** [do sul] o **ou** tem o mesmo som de:

a) /aʊ/; b) /ʌ/.

MARCH 16

Letras mudas. Combine as colunas, encontrando as letras que, em cada palavra, não são pronunciadas.

1. **lamb** [cordeiro]	a) O **l** é mudo.
2. **every** [todo/a(s)]	b) O **i** é mudo.
3. **knight** [cavaleiro]	c) O segundo **e** é mudo.
4. **half** [metade]	d) O **b** é mudo.
5. **parliament** [parlamento]	e) O **k** é mudo.

MARCH 17

Thread [linha, fio] rima com **spread** [espalhar] e também com **head** [cabeça], mas não rima com:

a) **dread** [ter pavor de];

b) **plead** [pedir; declarar-se].

MARCH 18

Nas palavras da esquerda, o **i** tem som de /aɪ/ como em **bite**. Nas da direita o **i** tem o som breve de /ɪ/ como em **bit**. Mas há um "intruso" em cada coluna para você descobrir.

sign [aviso; assinar]	**signal** [sinal]
giant [gigante]	**signature** [assinatura]
dine [*v.* jantar]	**diner** [comensal]
dinner [*s.* jantar]	**written** [escrito]

MARCH 19

Haven [refúgio, porto seguro] rima com **shaven** [barbeado/a] e também com:

a) **heaven** [céu, paraíso];
b) **raven** [corvo].

MARCH 20

Em **Aladdin** (Aladim, personagem de *Mil e uma noites*), a sílaba tônica é:

a) a primeira [Aladdin];
b) a segunda [aLADDin];
c) a última [aladdIN].

MARCH 21

Letras mudas. Combine as colunas, encontrando as letras que, em cada palavra, não são pronunciadas.

1. **foreign** [estrangeiro/a]	a) O **b** é mudo.
2. **knee** [joelho]	b) O **h** é mudo.
3. **mustn't** (contr. de **must not**)	c) O primeiro **t** é mudo.
4. **climb** [escalar]	d) O **k** é mudo.
5. **honour/honor** [honra]	e) O **g** é mudo.

MARCH 22

Qual das afirmações abaixo é incorreta?

a) **Guest** [hóspede; convidado/a] rima com **chest** [peito, tórax], mas não com **breast** [peito, seio].

b) **Petty** [pequeno/a, insignificante] rima com **Betty** (nome próprio), mas não com **pretty** [bonito/a].

c) **Squad** [equipe; esquadrão] rima com **god** [deus], mas não com **mad** [maluco/a].

MARCH 23

Swam [pret. de **swim** (nadar)] rima com **am** [sou; estou] ou **ham** [presunto]. Mas em **swan** [cisne] a vogal tem outro som, rimando com:

a) **on** ou **John**; b) **an** ou **man**.

MARCH 24

Em **cushion** [almofada], a primeira sílaba [CUSH(i)on] rima com **push** [empurrar] e também com:

a) **crush** [esmagar];
b) **rush** [correr; correria];
c) **bush** [arbusto];
d) **blush** [corar].

MARCH 25

Qual das afirmações abaixo é incorreta?

a) **Leaf** [folha] rima com **thief** [ladrão], mas não com **deaf** [surdo/a].

b) **Donor** [doador(a)] rima com **owner** [dono/a], mas não com **honour/honor** [honra].

c) **Flood** [enchente] rima com **blood** [sangue], mas não com **mud** [lama].

MARCH 26

Rimas. Combine as colunas, encontrando as palavras que rimam.

1. **close** [fechar]
2. **close** [perto; próximo/a]
3. **cousin** [primo/a]
4. **cover** [capa; cobrir]
5. **clover** [trevo]

a) **over** [por cima de; sobre]
b) **dozen** [dúzia]
c) **lover** [amante]
d) **nose** [nariz]
e) **dose** [dose]

MARCH 27

As palavras deste item rimam entre si, tendo o **o** com som de /ɔ:/ como em <u>**law**</u> [lei]. Uma delas destoa, rimando com **Turk** [turco/a]. Qual é essa palavra, por sinal bem comum?

a) **cork** [cortiça; rolha];
b) **fork** [garfo];
c) **stork** [cegonha];
d) **work** [trabalho; trabalhar];
e) **pork** [carne de porco];
f) **York** (cidade inglesa).

MARCH 28

Em **conquer** [conquistar] e **conquest** [conquista] pronunciam-se duas sílabas, acentuando-se a primeira [CONquer; CONquest]. O **u** é mudo em:

a) **conquer**; b) **conquest**.

O **u** é pronunciado, com som de /w/, em:

a) **conquer**; b) **conquest**.

MARCH 29

Rimas. Combine as colunas, encontrando as palavras que rimam.

1. **quarrel** [briga; brigar]	a) **since** [desde]
2. **quiet** [quieto/a; calado/a]	b) **sit** [sentar-se]
3. **quite** [completamente]	c) **moral** [moral]
4. **quit** [deixar (de)]	d) **diet** [dieta]
5. **quince** [marmelo]	e) **right** [direito/a]

MARCH

30

Qual das afirmações abaixo é incorreta?

a) **Brought** [pret. e part. de **bring** (trazer)] rima com **thought** [pret. e part. de **think** (pensar)], mas não com **drought** [seca].

b) **Barn** [celeiro] rima com **darn** [cerzir], mas não com **warn** [alertar, advertir].

c) **Motion** [movimento] rima com **lotion** [loção], mas não com **ocean** [oceano].

MARCH

31

Todas as palavras deste item, à exceção de duas, rimam com **weak** [fraco/a]. Identifique as duas que destoam, em que o **ea** tem som de /eɪ/.

a) **beak** [bico];

b) **leak** [vazamento; vazar];

c) **peak** [pico];

d) **break** [quebrar];

e) **creak** [ranger];

f) **bleak** [sombrio/a; triste];

g) **steak** [bife];

h) **freak** [pessoa anormal].

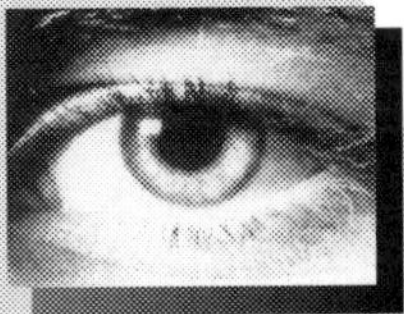

A Second Look at **MARCH**

Assinale as SUAS questões deste mês.

Das 31 questões de março, ____ tinham novidades para mim.

Marquei _____ pontos, um para cada resposta certa.

Destaquei estas palavras:

APRIL

April, April, month of flowers,
When the air is nice and cool.
Easter eggs and April showers...
And I'm again an April fool!

APRIL 1

Rimas. Combine as colunas encontrando as palavras que rimam.

1. **owe** [dever]	a) **store** [loja]
2. **laughter** [riso]	b) **though** [embora, no entanto]
3. **thumb** [polegar]	c) **later** [mais tarde]
4. **drawer** [gaveta]	d) **after** [depois de]
5. **crater** [cratera]	e) **come** [vir]

APRIL 2

Preference [preferência] rima com **reference** [referência] e **conference** [conferência]. **Prefer** [preferir] rima com **refer** [referir(-se)] e **confer** [conferenciar]. Nos substantivos destacados o acento tônico recai na:

a) primeira sílaba;
b) segunda sílaba.

Nos verbos, a sílaba tônica é:

a) a primeira;
b) a segunda.

Já em **difference/differ** [diferença/diferir], tanto no substantivo quanto no verbo, a sílaba tônica é:

a) a primeira;
b) a segunda.

APRIL 3

Qual das afirmações abaixo é incorreta?

a) **Reason** [razão] rima com **season** [estação], mas não com **treason** [traição — à pátria].

b) **Front** [frente] rima com **hunt** [caçar], mas não com **don't** (contração de **do not**).

c) **Barrel** [barril] rima com **Carol** (nome próprio), mas não com **quarrel** [briga; brigar].

APRIL 4

Letras mudas. Combine as colunas, encontrando as letras que, em cada palavra, não são pronunciadas.

1. **knife** [faca]	a) O **u** é mudo.
2. **yacht** [iate]	b) (na GB) O **r** é mudo.
3. **build** [construir]	c) O **k** é mudo.
4. **bomb** [bomba]	d) O segundo **b** é mudo.
5. **iron** [ferro]	e) O **ch** é mudo.

APRIL 5

Qual das afirmações abaixo é incorreta?

a) **Dumb** [mudo/a; burro/a] rima com **numb** [dormente, sem sensibilidade], mas não com **some** [algum(a); alguns/algumas].

b) **Dose** [dose — de remédio] rima com **close** [perto, próximo/a], mas não com **close** [fechar].

c) **Regard** [considerar] rima com **retard** [retardar], mas não com **reward** [recompensa; recompensar].

APRIL 6

Combine as colunas, encontrando à direita os particípios de cada um dos verbos.

1. **write** [escrever]	a) **driven**
2. **hide** [esconder]	b) **ridden**
3. **drive** [dirigir]	c) **arisen**
4. **ride** [montar]	d) **written**
5. **rise** [subir]	e) **hidden**
6. **arise** [surgir]	f) **risen**

Observe que, no infinitivo, o **i** tem som de:

a) /aɪ/ como em **bite** [morder];
b) /ɪ/ como em **bitten** [mordido].

No particípio o **i** tem som de:

a) /aɪ/ como em **bite**;
b) /ɪ/ como em **bitten**.

APRIL 7

Rimas. Combine as colunas, encontrando as palavras que rimam.

1. **donor** [doador(a)]	a) **called** (pret. e part. de **call**)
2. **gown** [vestido longo]	b) **half** [metade]
3. **laugh** [rir]	c) **owner** [dono/a]
4. **bald** [careca]	d) **known** [conhecido]
5. **grown** [crescido]	e) **drown** [afogar(-se)]

APRIL 8

Os quatro verbos destacados rimam entre si.

receive [receber] **deceive** [enganar]
conceive [conceber] **perceive** [perceber]

Em todos, o **ei** tem som de /i:/. Eles também rimam com:

a) **live** [viver; morar];
b) **leave** [deixar; sair; partir].

APRIL 9

Qual das afirmações abaixo é incorreta?

a) **Steak** [bife] rima com **ache** [dor], mas não com **freak** [pessoa anormal; grande fã de].

b) **Doubt** [dúvida; duvidar] rima com **shout** [grito; gritar], mas não com **drought** [seca].

c) **Source** [fonte; origem] rima com **horse** [cavalo], mas não com **worse** [pior].

APRIL 10

A vogal que segue a sílaba tônica pode, numa emissão mais rápida, não ser pronunciada. Assim, em **victory** [VICtory], o **o** pode ser omitido. Combine as colunas, encontrando as vogais que podem ser omitidas.

1. **reference** [REFerence]	a) o **a**
2. **diaper** [DIaper] [fralda]	b) o primeiro **e**
3. **Catholic** [CATHolic]	c) o segundo **e**
4. **restaurant** [REStaurant]	d) o **o**
5. **miserable** [MISerable] [infeliz]	e) o **au**

APRIL 11

Qual das afirmações abaixo é incorreta?

a) **Heard** [pret. e part. de **hear** (ouvir)] rima com **third** [terceiro/a], mas não com **beard** [barba].

b) **Freight** [frete] rima com **weight** [peso], mas não com **height** [altura].

c) **Prefer** [preferir] rima com **refer** [referir(-se)], mas não com **occur** [ocorrer].

APRIL 12

Observe as sílabas destacadas nas palavras deste item.

develop [deVELop] [desenvolver(-se)]
development [deVELopment] [desenvolvimento]
economy [eCONomy] [economia]
economist [eCONomist] [economista]
democracy [deMOCracy] [democracia]
republic [rePUBlic] [república]

Em todas, a sílaba tônica é a:

a) primeira; b) segunda; c) terceira.

Já em **economic** [ecoNOMic], **democratic** [demoCRATic], **independence** [indePENdence], **independent** [indePENdent], o acento tônico recai na:

a) primeira sílaba;
b) segunda sílaba;
c) terceira sílaba.

APRIL 13

Letras mudas. Combine as colunas, encontrando as letras que, em cada palavra, não são pronunciadas.

1. **island** [ilha]	a) O **t** é mudo.
2. **cupboard** [armário]	b) O primeiro **d** é mudo.
3. **guard** [guarda; guardar]	c) O **s** é mudo.
4. **soften** [suavizar]	d) O **p** é mudo.
5. **Wednesday** [quarta-feira]	e) O **u** é mudo.

APRIL 14

Qual das afirmações abaixo não é verdadeira?

a) **Stamp** [selo; selar] rima com **damp** [úmido/a], mas não com **swamp** [pântano].

b) **Pull** [puxar] rima com **wool** [lã], mas não com **skull** [crânio].

c) **Sweat** [suor; suar] rima com **wet** [molhado/a], mas não com **threat** [ameaça].

APRIL 15

Letras mudas. Combine as colunas, encontrando as letras que, em cada palavra, não são pronunciadas.

1. **muscle** [músculo]	a) O **k** é mudo.
2. **dumb** [mudo/a; burro/a]	b) O **w** é mudo.
3. **hasten** [apressar(-se)]	c) O **b** é mudo.
4. **knit** [tricotar]	d) O **c** é mudo.
5. **sword** [espada]	e) O **t** é mudo.

APRIL 16

Nas palavras deste item o acento tônico recai na última sílaba, o **y** com som de /aɪ/ como em **my**.

apply [aplicar; requerer] **defy** [desafiar]
deny [negar] **occupy** [ocupar]
rely [depender; confiar] **reply** [responder]
satisfy [satisfazer] **supply** [suprir; fornecer]

Todas elas rimam com:

a) **rally** [comício; reunir]; b) **July** [julho].

SAY IT RIGHT!

APRIL 17

Vitaminas e proteínas são muito importantes e "estão na moda". Na pronúncia mais comum de **protein** há apenas:

a) duas sílabas; b) três sílabas.

Em **vitamin** o **i** tem o som breve de /ɪ/ na pronúncia:

a) britânica; b) americana,

e de /aɪ/ na outra variedade de inglês.

APRIL 18

Rimas. Combine as colunas, encontrando as palavras que rimam.

1. **heard** (pret. e part. de **hear**)	a) **waist** [cintura]
2. **haste** [pressa]	b) **lord** [senhor]
3. **height** [altura]	c) **bird** [pássaro]
4. **beard** [barba]	d) **quite** [completamente]
5. **sword** [espada]	e) **weird** [esquisito/a]

APRIL 19

Qual das afirmações abaixo não é verdadeira?

a) **Youth** [juventude] rima com **tooth** [dente], mas não com **smooth** [liso/a; macio/a; suave].

b) **Soul** [alma] rima com **bowl** [tigela], mas não com **hole** [buraco].

c) **Hound** [cão de caça] rima com **round** [redondo/a], mas não com **wound** [ferida; ferir].

APRIL 20

Letras mudas. Combine as colunas, encontrando as letras que, em cada palavra, não são pronunciadas.

1. **viscount** [visconde]	a) O **b** é mudo.
2. **Leonard** (nome próprio)	b) O **u** é mudo.
3. **limb** [braço; perna; asa]	c) O **s** é mudo.
4. **honesty** [honestidade]	d) O **o** é mudo.
5. **guarantee** [garantia; garantir]	e) O **h** é mudo.

APRIL 21

As palavras deste item rimam entre si.

salt [sal]	**halt** [parada; parar]
malt [malte]	**Walt** (abrev. de **Walter**)
fault [culpa; falha]	**vault** [abóbada; cofre-forte]

Na pronúncia mais comum, na GB, em todas o **a** tem som de:

a) /ɔ:/ como em **saw**; b) /ɑ:/ como em **father**.

APRIL 22

Qual das afirmações abaixo é incorreta?

a) **Cow** [vaca] rima com **plow** [arado; arar], mas não com **bough** [galho, ramo de árvore].

b) **Mow** [ceifar; cortar — grama] rima com **sow** [semear], mas não com **vow** [promessa solene; jurar].

c) **Astronaut** [astronauta] rima com **hot** [quente], mas não com **out** [fora].

APRIL 23

O que as palavras deste item têm em comum?

angel [anjo]	**Cambridge** (nome de cidades)
danger [perigo]	**dangerous** [perigoso/a]
chamber [câmara]	**haven** [porto seguro]
ancient [antigo/a]	**pagan** [pagão/pagã]

Em todas o **a** tem som de:

a) /æ/ como em **anger** [raiva];

b) /eɪ/ como em **change** [troco; troca; trocar].

APRIL 24

Letras mudas. Combine as colunas, encontrando as letras que, em cada palavra, não são pronunciadas.

1. **calf** [bezerro/a]	a) O **b** é mudo.
2. **isle** [ilha]	b) O **l** é mudo.
3. **knob** [botão; maçaneta]	c) O **k** é mudo.
4. **womb** [útero]	d) O **s** é mudo.
5. **liquor** [bebida alcoólica]	e) O **u** é mudo.

APRIL 25

Qual das afirmações abaixo não é verdadeira?

a) **Farm** [fazenda] rima com **harm** [mal; fazer mal a], mas não com **warm** [quente].

b) **Gross** [grosseiro/a; bruto/a] rima com **close** [perto, próximo/a], mas não com **boss** [patrão].

c) **Soften** [suavizar] rima com **often** [freqüentemente], mas não com **coffin** [caixão].

APRIL 26

Tanto **deny** [negar] quanto **defy** [desafiar] têm duas sílabas, sendo a tônica a:

a) primeira; b) última.

APRIL 27

Em **corps** [corpo — diplomático, de fuzileiros, etc.] as duas últimas letras:

a) são pronunciadas; b) não são pronunciadas.

A palavra é pronunciada como:

a) **corpse** [cadáver];

b) **core** [centro; essência; âmago],

rimando com **door** e **four**.

APRIL 28

Rimas. Combine as colunas, encontrando as palavras que rimam.

1. **thief** [ladrão]	a) **helm** [leme]
2. **thieves** [ladrões]	b) **gems** [pedras preciosas]
3. **plumber** [encanador]	c) **leaf** [folha]
4. **realm** [reino]	d) **summer** [verão]
5. **Thames** [Tâmisa]	e) **leaves** [folhas]

APRIL 29

Em **choir** [coro, grupo de canto] o **ch** soa /kw/ e o **oi** /aɪ/, rimando com:

a) **fire** [fogo];

b) **far** [longe].

APRIL

30

Qual das afirmações abaixo está incorreta?

a) **Antique** [antiguidade] rima com **unique** [único/a, ímpar], mas não com **technique** [técnica].

b) **Wart** [verruga] rima com **short** [curto/a; baixo/a], mas não com **smart** [esperto/a; elegante].

c) **Spread** [espalhar(-se)] rima com **thread** [linha, fio para costura], mas não com **lead** [levar; liderar].

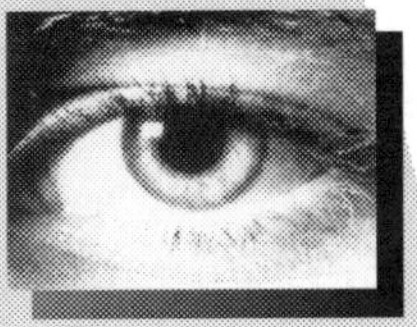

A Second Look at **APRIL**

Assinale as SUAS questões deste mês.

Das 30 questões de abril, ____ tinham novidades para mim.

Marquei _____ pontos, um para cada resposta certa.

Destaquei estas palavras:

MAY

MAY COMES FROM A LATIN WORD,
MEANING "MONTH OF MAIA".
SHE WAS THE WIFE OF VULCAN,
THE ROMAN GOD OF FIRE.

MAY 1

Homófonos. Combine as colunas encontrando as palavras que, apesar de grafia e significado diferentes, têm a mesma pronúncia.

1. **idol** [ídolo]	a) **rain** [chuva; chover]
2. **muscle** [músculo]	b) **cede** [ceder]
3. **reign** [reinado; reinar]	c) **idle** [inativo/a]
4. **seed** [semente]	d) **higher** [mais alto/a]
5. **hire** [alugar]	e) **mussel** [mexilhão]

MAY 2

Doping, palavra que já faz parte do vocabulário da língua portuguesa, vem de **dope** [droga; drogar], em que o **o** tem som de /oʊ/, rimando com:

a) **hope** [esperança; esperar];

b) **hop** [pular, saltar].

A palavra só deve ser pronunciada com som de **o** aberto, forma vulgar entre nós, quando usada em português.

MAY 3

Leasing, outra palavra adotada na nossa língua, vem de **lease** [arrendamento; arrendar — com opção de compra]. Ao contrário da forma popularizada entre nós, o **s** tem som de:

a) /z/; b) /s/ mesmo.

Lease rima com **niece** [sobrinha] e **peace** [paz].

MAY 4

Yuppie é outra palavra adotada por nós, para falarmos de um jovem profissional bem-sucedido, com um estilo de vida materialista. Sua pronúncia em inglês, quanto ao **u**, é:

a) a mesma; b) diferente

da forma que usamos em português. A sílaba tônica [YUPPie] rima com **cup** [xícara; taça]. A palavra rima com **puppy** [cachorrinho].

MAY 5

Conceit [convencimento, vaidade] e **deceit** [logro, embuste] rimam com:

a) **receipt** [recibo];
b) **recite** [recitar];
c) **reset** [recolocar].

MAY 6

Swam [pret. de **swim** (nadar)] rima com **ham** [presunto] e **jam** [geléia]. Mas em **swamp** [pântano] o **a** tem outro som, rimando com:

a) **stamp** [selo; selar];
b) **romp** [brincadeira; brincar].

MAY

7

Qual das afirmações abaixo não é verdadeira?

a) **Stir** [mexer — com colher; agitar] rima com **sir** [senhor], mas não com **sire** [majestade — usado para falar a um rei].

b) **Dirt** [sujeira] rima com **skirt** [saia], mas não com **hurt** [ferir; magoar].

c) **Cradle** [berço] rima com **ladle** [concha para sopa], mas não com **saddle** [sela; pôr a sela em].

MAY

8

Nos substantivos abaixo há uma letra que não é pronunciada. Qual é essa (sempre a mesma) letra?

castle [castelo]

apostle [apóstolo]

bristle [pêlo, cerda]

gristle [cartilagem]

MAY

9

Qual das afirmações abaixo é incorreta?

a) **Pray** [rezar] rima com **tray** [bandeja], mas não com **quay** [cais].

b) **Sphere** [esfera] rima com **mere** [mero/a, simples], mas não com **there** [lá; ali; aí].

c) **Feeling** [sentimento] rima com **kneeling** [ajoelhando], mas não com **ceiling** [teto].

MAY 10

Nas palavras abaixo, o **s** tem som de /s/, e não de /z/. Excetua-se uma, em que o primeiro **s** tem som de /z/. Qual é essa palavra?

a) **disappear** [desaparecer];
b) **disagree** [discordar];
c) **disappearance** [desaparecimento];
d) **disagreement** [desacordo];
e) **disagreeable** [desagradável];
f) **disaster** [desastre];
g) **disable** [inutilizar];
h) **disadvantage** [desvantagem].

MAY 11

Em **determine** [determinar], **distribute** [distribuir], **contribute** [contribuir] e **attribute** [atribuir], o acento tônico recai sobre a:

a) primeira sílaba; b) segunda sílaba; c) última sílaba.

MAY 12

Palace [palácio], **terrace** [terraço], **surface** [superfície], **furnace** [fornalha] e **menace** [ameaça] são todas dissilábicas, acentuadas na:

a) primeira sílaba;
b) segunda ou última sílaba.

Em todas, o **a** da terminação **-ace** soa /ə/, vogal fraca, átona, ou tem o som breve de /ɪ/,

a) rimando, b) não rimando

com **face** [rosto; encarar] e **place** [lugar; colocar].

MAY

13

John James **Macleod** é o nome do fisiologista escocês que, em 1923, recebeu o Prêmio Nobel de Medicina por sua participação na descoberta da insulina. Em **Macleod** pronunciam-se duas sílabas, acentuando-se a última, que soa como:

a) **cloud** [nuvem]; b) **load** [carga].

MAY

14

Homófonos. Combine as colunas encontrando as palavras que, apesar de grafia e significado diferentes, têm a mesma pronúncia.

1. **barren** [estéril; árido/a]	a) **berry** [baga; frutinha]
2. **cereal** [cereal]	b) **baron** [barão]
3. **bury** [enterrar]	c) **crews** [tripulações]
4. **cruise** [cruzeiro]	d) **morning** [manhã]
5. **mourning** [luto]	e) **serial** [seriado]

MAY

15

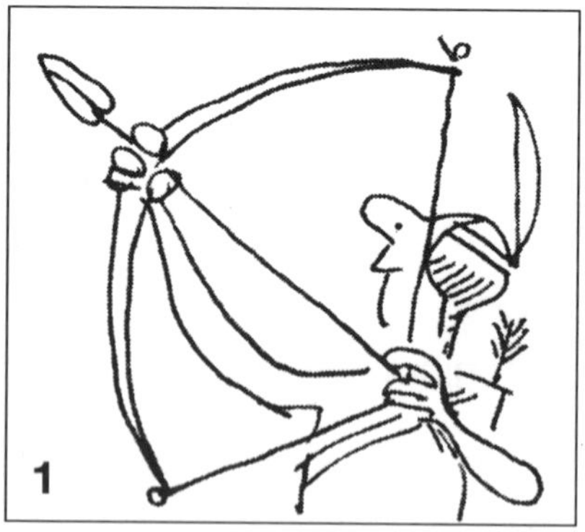
1

2

Nesses sentidos, **bow** rima com:

a) **now**; b) **know**.

Nesses sentidos, **bow** rima com:

a) **now**; b) **know**.

MAY

16

Todas as palavras deste item rimam entre si,

dawn [aurora] **lawn** [gramado]
yawn [bocejar] **pawn** [peão]
drawn [part. de **draw** (sacar; desenhar)]

e com:

a) **one**; b) **on**; c) **own** [próprio/a; possuir].

MAY

17

Nas palavras deste item,

fast [rápido/a] **last** [último/a; durar]
cast [elenco; arremessar] **mast** [mastro]
blast [explosão; explodir] **vast** [vasto/a]

o som vocálico na GB é:

a) /ɑ:/ como em **f<u>a</u>ther**;
b) /æ/ como em **b<u>a</u>d**.

Nos EUA, o som do **a** é:

a) /ɑ:/; b) /æ/.

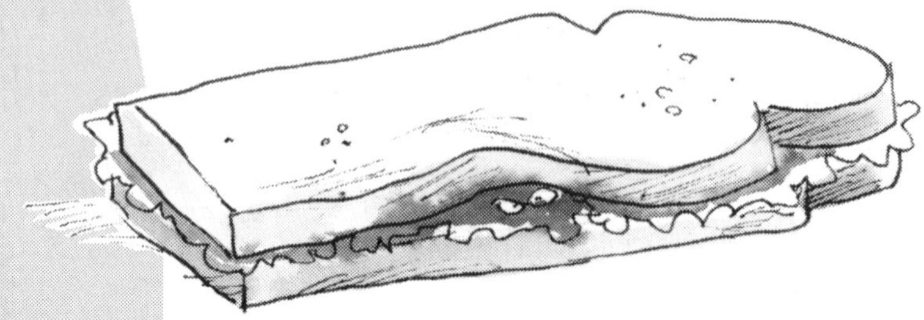

MAY 18

Nas palavras da esquerda, o **ea** tem som de /e/ como em **bread** [pão]. Nas da direita, o **ea** tem som de /i:/ como em **please**. Mas há um "intruso" em cada coluna, para você descobrir.

dead [morto/a]	**feature** [característica]
spread [espalhar]	**heat** [calor]
cleanse [limpar]	**clean** [limpo; limpar]
instead [em vez disso]	**endeavour/endeavor** [esforço]
creature [criatura]	**creak** [ranger]
weapon [arma]	**breathe** [respirar]
heavy [pesado/a]	**leave** [deixar; sair; partir]

MAY 19

Qual das afirmações abaixo está incorreta?

a) **Lost** [pret. e part. de **lose** (perder)] rima com **cost** [custo; custar], mas não com **most** [mais; a maioria (de)].

b) **Frown** [franzir as sobrancelhas] rima com **down** [para baixo], mas não com **known** [conhecido].

c) **Pleasant** [agradável] rima com **peasant** [camponês], mas não com **pheasant** [faisão].

MAY 20

Das palavras deste item, cinco têm o **u** com som de /ʌ/, rimando com **dull** [monótono/a]; duas têm o **u** com som de /ʊ/, rimando com **bull** [touro]. Identifique essas duas.

a) **gull** [gaivota];
b) **full** [cheio/a];
c) **pull** [puxar];
d) **skull** [crânio];
e) **null** [nulo/a];
f) **lull** [calma, calmaria];
g) **hull** [casco de navio; casca de legumes].

MAY 21

Nas palavras da esquerda, o **ch** tem som de /k/ como em **Christmas** [Natal]. Nas da direita, o **ch** tem som de /tʃ/ como em **church** [igreja]. Mas há um "intruso" em cada coluna, para você descobrir.

chemist [*s.* químico/a]	**chamber** [câmara]
orchestra [orquestra]	**chalk** [giz]
chaos [caos]	**chemistry** [química]
chemical [*adj.* químico/a]	**chore** [tarefa—doméstica]
ache [dor]	**chalice** [cálice]
chandelier [lustre]	**chase** [caçar, perseguir]
stomach [estômago]	**chapel** [capela]
monarch [monarca]	**orchard** [pomar]

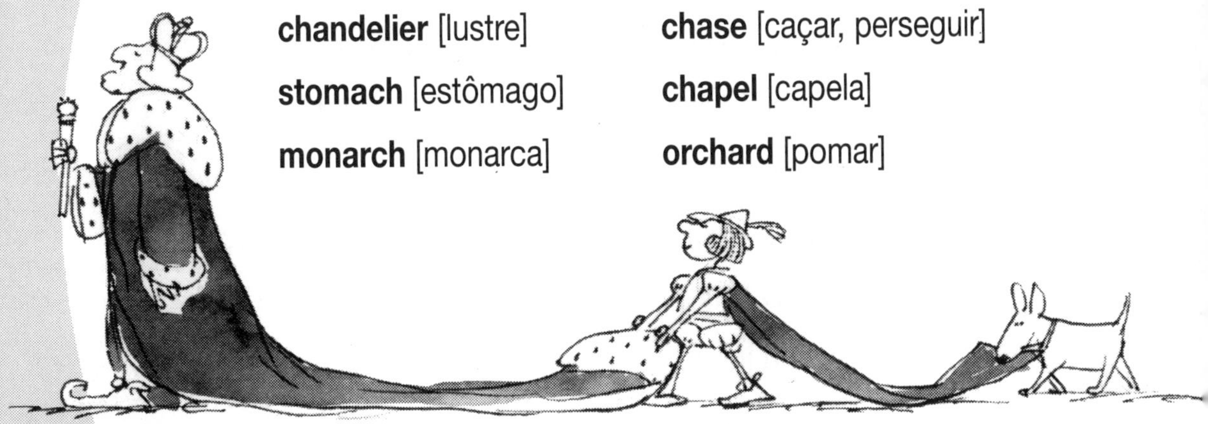

MAY 22

Letras mudas. Combine as colunas, encontrando as letras que, em cada palavra, não são pronunciadas.

1. **yolk** [gema de ovo]	a) O **g** é mudo.
2. **often*** [freqüentemente]	b) O **p** é mudo.
3. **knock** [bater com o punho]	c) O **t** é mudo.
4. **diaphragm** [diafragma]	d) O primeiro **k** é mudo.
5. **receipt** [recibo]	e) O **l** é mudo.

MAY 23

Riddle [adivinha; adivinhação] rima com **middle** [meio, centro] e **fiddle** [rabeca, violino], o **i** com som de:

a) /aɪ/ como em **bite**;

b) /ɪ/ como em **bit** ou **bitten**.

O **i** tem esse som sempre que ocorrer antes de consoante dobrada. Observe o som da vogal destacada nas palavras abaixo e procure uma eventual exceção.

dinner [s. jantar]	**kitten** [gatinho]
trigger [gatilho]	**ribbon** [fita]
winner [vencedor(a)]	**nipple** [mamilo]
giggle [risinho]	**cinnamon** [canela]
dribble [driblar]	**cripple** [aleijado/a]
ripple [ondinha]	**brittle** [quebradiço/a]
pillow [travesseiro]	**hidden** [escondido]
bitten [mordido]	

** na pronúncia mais comum*

SAY IT RIGHT!

MAY 24

O que as palavras em destaque têm em comum, quanto à acentuação?

detective [detetive]
assassin [assassino/a]
defendant [réu/ré]
dependent [dependente]
descendant [descendente]
detergent [detergente]
contestant [competidor(a)]
consultant [consultor(a)]

Todas têm três sílabas e são acentuadas na:

a) primeira sílaba;

b) segunda sílaba;

c) última sílaba.

MAY 25

As palavras deste item terminam em **-ead**. As da esquerda rimam com **read** [ler]. As da direita rimam com o pretérito e o particípio desse mesmo verbo. Mas há uma palavra (uma só) que aparece na coluna errada. Qual é essa palavra?

lead [levar; chefiar]	**lead** [chumbo]
bead [conta — de colar]	**bread** [pão]
dread [ter pavor de]	**dead** [morto/a]
knead [amassar pão; massagear]	**head** [cabeça]
plead [pedir; declarar-se]	**spread** [espalhar(-se)]
Mead (sobrenome, Margaret **Mead**)	**tread** [pisar]

MAY

26

Qual das afirmações abaixo é incorreta?

a) **Couch** [divã; sofá] rima com **pouch** [bolsa; marsúpio], mas não com **touch** [toque; tocar].

b) **Labour/labor** [trabalho] rima com **neighbour/neighbor** [vizinho/a], mas não com **harbour/harbor** [porto].

c) **Toe** [dedo do pé] rima com **owe** [dever — dinheiro, favor], mas não com **sew** [costurar].

MAY

27

Das quatro palavras deste item, só uma rima com **rouse** [acordar, despertar]. Nessa palavra o **s** tem som de /z/.

a) **house** [casa];

b) **mouse** [camundongo];

c) **louse** [piolho];

d) **cows** [vacas].

MAY

28

As palavras da esquerda rimam com **car** [carro]. As da direita rimam com **care** [cuidado]. Mas há um "intruso" (um só), em que o **a** tem outro som, rimando com **core** [centro; essência; âmago] e **pour** [despejar; derramar]. Qual é esse "intruso"?

bar [bar; barra]	**bare** [nu(a); despojado/a]
far [longe]	**fare** [preço da passagem]
scar [cicatriz]	**scare** [assustar]
star [estrela; estrelar]	**stare** [fitar, olhar fixamente]
war [guerra]	**ware** [mercadoria]

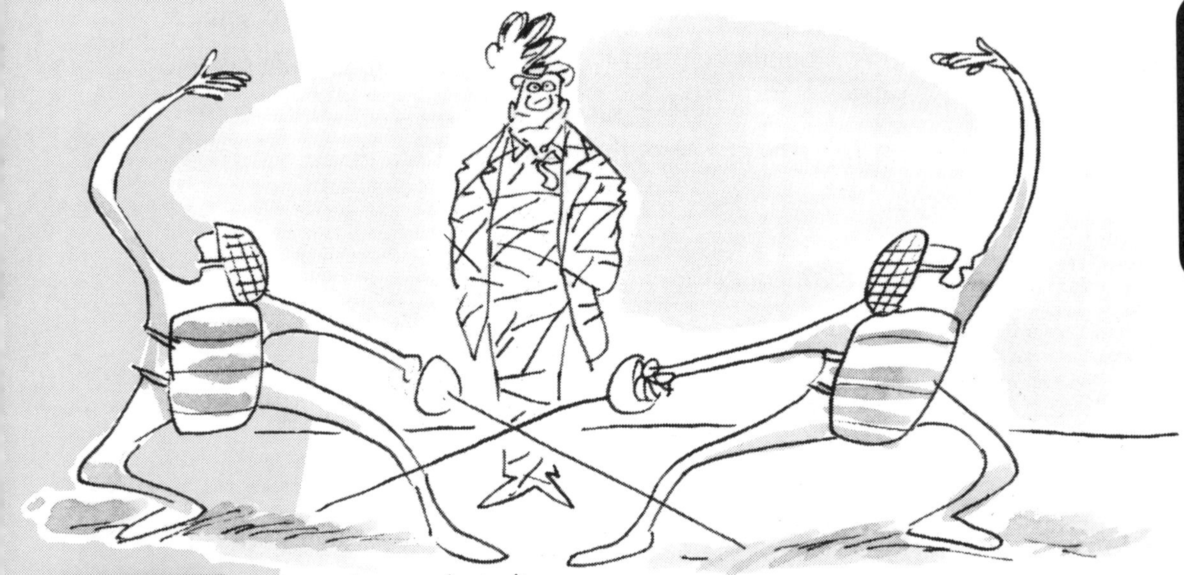

MAY 29

Nas palavras deste item,

component [componente] **opponent** [oponente]

apparent [aparente] **transparent** [transparente]

assistance [assistência, ajuda] **assistant** [assistente]

o acento tônico recai na:

a) primeira sílaba; b) segunda sílaba; c) última sílaba.

MAY 30

Qual das afirmações abaixo é incorreta?

a) **Renown** [renome, fama] rima com **drown** [afogar(-se)], mas não com **known** [conhecido].

b) **Gravel** [cascalho] rima com **travel** [viajar], mas não com **navel** [umbigo].

c) **Twilight** [crepúsculo] rima com **invite** [convidar], mas não com **indict** [indiciar, acusar de um crime].

MAY

31

Nas palavras deste item, à exceção de três, o **ea** tem som de /i:/, rimando com **eat** [comer]. Quais são as palavras que destoam? Numa delas o **ea** tem som de /eɪ/ rimando com **eight** [oito]. Nas outras duas o **ea** tem som de /e/, rimando com **jet** [jato].

beat [bater]	**seat** [assento]
meat [carne]	**treat** [tratar]
wheat [trigo]	**great** [grande; ótimo/a]
cheat [trapacear]	**feat** [façanha; proeza]
threat [ameaça]	**neat** [alinhado/a, arrumado/a]
heat [calor]	**sweat** [suor; suar]

A Second Look at **MAY**

Assinale as SUAS questões deste mês.

Das 31 questões de maio, ____ tinham novidades para mim.

Marquei _____ pontos, um para cada resposta certa.

Destaquei estas palavras:

JUNE

In June the days are long,
The longest of the year.
In June the sun is strong,
Let's have a glass of beer!

JUNE 1

As palavras destacadas rimam entre si, todas terminando em som de /s/ e não de /z/. Excetua-se uma, em que o som final é de /z/, rimando com **lose** [perder]. Qual é essa palavra?

a) **loose** [solto/a; frouxo/a];
b) **goose** [ganso];
c) **choose** [escolher];
d) **moose** [alce];
e) **noose** [laço, nó corrediço];
f) **use** [uso; utilidade].

JUNE 2

Birmingham é o nome de uma grande cidade industrial inglesa, a segunda maior do país. É também o nome de uma cidade do sul dos EUA, a maior do estado de Alabama, onde ocorreram graves conflitos raciais na década de 60. A pronúncia dos nomes das duas cidades não é a mesma. Na cidade:

a) inglesa; b) americana

o **h** não é pronunciado, e o **a** da última sílaba soa como uma vogal fraca, átona. Na cidade:

a) inglesa; b) americana

o **h** é pronunciado, e a última sílaba soa como **ham** [presunto].

JUNE 3

Todas as palavras em destaque rimam com **no**, à exceção de duas que rimam com **two**. Quais são essas duas?

a) **toe** [dedo do pé];
b) **foe** [inimigo/a];
c) **canoe** [canoa];
d) **hoe** [enxada];
e) **doe** [corça];
f) **shoe** [sapato];
g) **roe** [ova de peixe];
h) **woe** [desgraça; pesar].

JUNE

4

Em todas as palavras destacadas, menos uma, o **s** tem som de /s/ mesmo, e não de /z/. Identifique a palavra em que o **s** tem som de /z/.

a) **basis** [base];
b) **curiosity** [curiosidade];
c) **crisis** [crise];
d) **analysis** [análise];
e) **isolation** [isolamento];
f) **isolate** [isolar];
g) **asylum** [asilo, refúgio];
h) **desert** [deserto];
i) **hypocrisy** [hipocrisia];
j) **hypothesis** [hipótese].

JUNE

5

Nas palavras deste item, à exceção de duas, o **u** tem o som breve de /ʊ/ como em **put**. Identifique as duas que destoam e em que o **u** tem o som breve de /ɪ/ como em **it**.

a) **bull** [touro];
b) **pull** [puxar];
c) **cushion** [almofada];
d) **push** [empurrar];
e) **bush** [arbusto];
f) **lettuce** [alface];
g) **butcher** [açougueiro];
h) **pudding** [pudim];
i) **full** [cheio/a];
j) **busy** [ocupado/a].

O mesmo som de /ʊ/ como em **put** ocorre no **o** de:

a) **both** [ambos/as]; b) **bosom** [peito, seio].

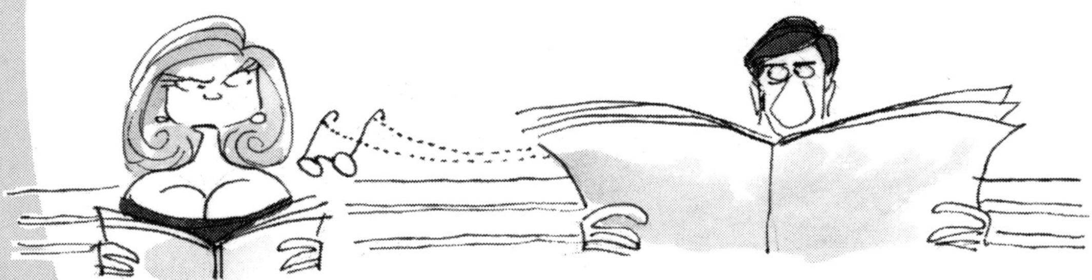

JUNE 6

Qual das afirmações abaixo é incorreta?

a) **Yacht** [iate] rima com **what** [que; qual], mas não com **not** [não].

b) **Release** [soltar; libertar] rima com **peace** [paz], mas não com **disease** [doença].

c) **Bruise** [contusão; contundir] rima com **lose** [perder], mas não com **loose** [solto/a; frouxo/a].

JUNE 7

Nas palavras da esquerda o **ow** tem som de /oʊ/; nas da direita o **ow** tem som de /aʊ/. Mas há um "intruso" em cada coluna, para você descobrir.

own [próprio/a; possuir]	**down** [para baixo]
known [conhecido]	**town** [cidade]
grown [crescido]	**brown** [marrom]
shown [mostrado]	**crown** [coroa]
flown [voado]	**clown** [palhaço]
gown [vestido longo]	**frown** [franzir as sobrancelhas]
sown [semeado]	**mown** [ceifado; cortado]
drown [afogar(-se)]	**blown** [soprado]
thrown [atirado]	**renown** [renome, fama]

Concluímos que o **ow**, nas formas de particípio, tem som de:

a) /oʊ/; b) /aʊ/.

JUNE 8

Veja, pelos desenhos, os vários sentidos de **row**.

Nesses sentidos, **row** rima com:

a) **now**; b) **know**.

Nesse sentido, **row** rima com:

a) **now**; b) **know**.

JUNE 9

Em **sign** [aviso, letreiro; assinar], **resign** [renunciar], **design** [desenho; projeto] e **benign** [benigno/a], o **g**:

a) é pronunciado; b) não é pronunciado.

O mesmo acontece em:

gnat [mosquito]
gnome [gnomo]
gnaw [roer]
gnash [ranger os dentes]
gnarled [nodoso/a; rugoso/a]

Concluímos que o **g** seguido de **n**, no início ou final de palavra:

a) é pronunciado; b) não é pronunciado.

JUNE 10

Qual das afirmações abaixo não é verdadeira?

a) **Sew** [costurar] rima com **bow** [arco; laço], mas não com **few** [poucos/as].

b) **Ripple** [ondinha, leve ondulação] rima com **cripple** [aleijado/a; aleijar], mas não com **triple** [triplo; triplicar].

c) **Sauce** [molho] rima com **loss** [perda], mas não com **gross** [grosseiro/a; bruto/a].

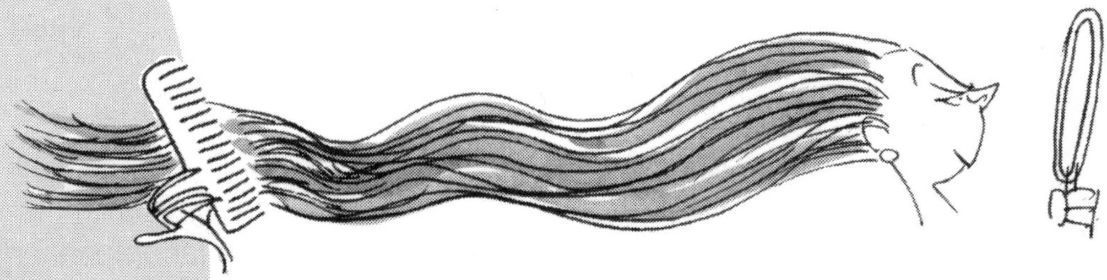

JUNE **11**

Nas palavras terminadas em **-mb**, o **b** é mudo. Combine as colunas encontrando as palavras que rimam.

1. **comb** [pente; pentear]	a) **him** [ele; a ele]
2. **lamb** [cordeiro]	b) **home** [lar]
3. **limb** [braço; perna; asa]	c) **ham** [presunto]
4. **bomb** [bomba; bombardear]	d) **come** [vir]
5. **crumb** [migalha]	e) **mom** [mamãe]

E em **tomb** [túmulo] o **o** tem som de /u:/, rimando com:

a) **whom** [quem; que]; b) **mom** [mamãe].

JUNE **12**

Homófonos. Combine as colunas encontrando as palavras que, apesar de grafia e significado diferentes, têm a mesma pronúncia.

1. **sole** [único/a; sola]	a) **miner** [mineiro]
2. **brake** [freio; frear]	b) **carrot** [cenoura]
3. **minor** [menor]	c) **soul** [alma]
4. **carat** [quilate]	d) **break** [quebrar]
5. **lead** [chumbo]	e) **led** [pret. e part. de **lead**]

JUNE 13

Todas as palavras deste item têm em comum ser a sílaba tônica:

a) a primeira; b) a segunda; c) a última.

abandon [abandonar] **abundance** [abundância]

abundant [abundante] **accompany** [acompanhar]

accustom [acostumar] **academy** [academia]

importance [importância] **existence** [existência]

JUNE 14

Rimas. Combine as colunas, encontrando as palavras que rimam.

1. **clue** [pista, indício] a) **career** [carreira]
2. **crawl** [rastejar] b) **door** [porta]
3. **corps** [corpo — diplomático, etc.] c) **all** [tudo; todos/as]
4. **cashier** [caixa — de loja] d) **later** [mais tarde]
5. **cater** [servir bufê] e) **crew** [tripulação]

JUNE 15

The Grapes of Wrath (*As vinhas da ira*) é um dos romances de John Steinbeck, escritor norte-americano, Prêmio Nobel de Literatura em 1962. Como você pronuncia **wrath**?
Em inglês britânico, rima com:

a) **cloth** [pano]; b) **math** [matemática].

Em inglês americano, rima com:

a) **cloth**; b) **math**.

JUNE **16**

Qual das afirmações abaixo não é verdadeira?

a) **Breath** [respiração; fôlego] rima com **death** [morte], mas não com **wreath** [coroa — de flores].

b) **Deceit** [logro, embuste] rima com **conceit** [vaidade, convencimento], mas não com **receipt** [recibo].

c) **Seize** [agarrar] rima com **ease** [facilidade; sossego], mas não com **size** [tamanho].

JUNE **17**

A vogal imediatamente após uma sílaba tônica é, numa emissão mais rápida, muitas vezes omitida. Assim, em **difference**, **different** [DIFF(e)rence, DIFF(e)rent], omite-se o primeiro **e**; em **evening** [EV(e)ning], omite-se o segundo **e**. Combine as colunas, encontrando as vogais que, em cada palavra, não são pronunciadas.

1. **favourite/favorite** [favorito/a]	a) O **a** é mudo.
2. **temperature** [temperatura]	b) O segundo **e** é mudo.
3. **aspirin** [aspirina]	c) O **u** é mudo.
4. **elementary** [elementar]	d) O primeiro **i** é mudo.
5. **naturally** [naturalmente]	e) O **ou** (ou **o**) é mudo.

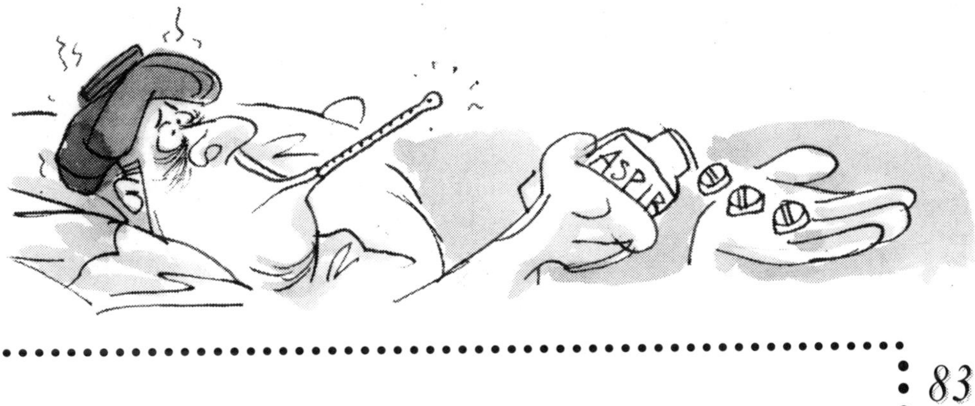

JUNE 18

Clothes [roupa(s)] pronuncia-se com:

a) uma sílaba só; b) duas sílabas.

Na conversação, informalmente, **clothes** rima com:

a) o verbo **close** [fechar], que tem som final de /z/;

b) o adjetivo ou advérbio **close** [próximo/a, perto], que tem som final de /s/.

JUNE 19

Rimas. Combine as colunas, encontrando as palavras que rimam.

1. **later** [mais tarde] a) **choose** [escolher]
2. **latter** [último/a (de dois/duas)] b) **sticker** [adesivo]
3. **liquor** [bebida alcoólica] c) **waiter** [garçom]
4. **lose** [perder] d) **fatter** [mais gordo/a]
5. **loose** [solto/a; frouxo/a] e) **juice** [suco]

JUNE 20

Combine as colunas de acordo com a acentuação correta das palavras destacadas. Em cada uma a sílaba tônica é:

1. **recital** [recital] a) a primeira.
2. **penicillin** [penicilina] b) a segunda.
3. **recipe** [receita culinária] c) a terceira.

SAY IT RIGHT!

JUNE 21

Observe o uso e a acentuação das palavras em destaque.

- You need a **permit** to put **refuse** in this area.
- I **refuse** to believe they do not **permit** women in that club.

Refuse [*s.* lixo; *v.* recusar(-se)] e **permit** [*s.* permissão, licença; *v.* permitir], entre muitas palavras, são acentuadas na:

a) primeira; b) segunda

sílaba quando substantivos e na:

a) primeira; b) segunda

sílaba quando verbos.

O verbo **refuse** tem som final de:

a) /z/; b) /s/.

O substantivo **refuse** tem som final de:

a) /z/; b) /s/.

JUNE 22

Nas palavras em destaque, o **a** tem som de /æ/, rimando com **man**. Excetua-se uma, que rima com **on**. Qual é essa palavra?

a) **ban** [proibição; proibir];
b) **can** [poder; lata; enlatar];
c) **pan** [panela];
d) **than** [do que];
e) **fan** [leque; ventilador; fã];
f) **tan** [bronzeado; bronzear];
g) **swan** [cisne];
h) **van** [camionete, furgão].

JUNE 23

Nas palavras da esquerda, o **i** tem som de /aɪ/ como em **chi̲ld** [criança]. Nas da direita, o **i** tem o som breve de /ɪ/ como em **chi̲ldren** [crianças]. Mas há um "intruso" em cada coluna, para você descobrir.

crime [crime]	**cri̲minal** [criminoso/a]
mine [mina]/**miner** [mineiro]	**mineral** [*s.*; *adj.* mineral]
miser [miserável, sovina]	**miserable** [muito infeliz]
wild [selvagem]	**wilderness** [sertão; deserto]
delivery [entrega]	**nitrogen** [nitrogênio]

JUNE 24

Qual das afirmações abaixo é incorreta?

a) **Swap** [troca; trocar] rima com **stop** [parada; parar], mas não com **lap** [colo].

b) **Lily** [lírio] rima com **silly** [bobo/a], mas não com **wily** [manhoso/a, matreiro/a].

c) **Solely** [unicamente] rima com **slowly** [lentamente], mas não com **holy** [sagrado/a].

JUNE 25

Observe o uso e a acentuação das palavras em destaque.

- She gave me a Sinatra **record** as a birthday **present**.
- They are going to **present** a good program on TV tonight, and I am going to **record** it.

Record [*s.* disco; *v.* gravar] e **present** [*s.* presente; *v.* presentear], entre muitas palavras, são acentuadas na:

a) primeira; b) segunda

sílaba quando substantivos e na:

a) primeira; b) segunda

sílaba quando verbos.

JUNE 26

Womb [útero] rima com **whom** [quem; que], mas não com:

a) **comb** [pente; pentear];

b) **tomb** [túmulo].

JUNE 27

Hatch [chocar — ovos; sair da casca] rima com **match** [fósforo; competição], mas não com:

a) **catch** [pegar; agarrar];

b) **watch** [relógio; observar];

c) **patch** [remendo; remendar];

d) **thatch** [colmo; sapê].

JUNE 28

Nas palavras da esquerda, o **i** tem som de /aɪ/ como em **bite**. Nas da direita, o **i** tem o som breve de /ɪ/ como em **bit**. Mas há um "intruso" em cada coluna, para você descobrir.

triumph [triunfo; triunfar]	**victory** [vitória]
triple [triplo; triplicar]	**vinegar** [vinagre]
trimester [trimestre]	**linen** [linho]
tiny [minúsculo/a]	**rhino/rhinoceros** [rinoceronte]
disciple [discípulo/a]	**discipline** [disciplina]

JUNE 29

Em **recipe** [receita culinária], pronunciam-se três sílabas, sendo a primeira a sílaba tônica [RECipe], que rima com **yes**. O **e** final é pronunciado, como /i/. **Recipe**:

a) rima; b) não rima

com **ripe** [maduro/a] e **type** [tipo].

JUNE 30

Qual das afirmações abaixo não é verdadeira?

a) **Swarm** [enxame] rima com **warm** [quente], mas não com **storm** [temporal].

b) **Cork** [cortiça; rolha] rima com **fork** [garfo], mas não com **work** [trabalho; trabalhar].

c) **Hive** [colméia] rima com **live** [*adj.* vivo; *adv.* ao vivo], mas não com **live** [viver; morar].

A Second Look at **JUNE**

Assinale as SUAS questões deste mês.

Das 30 questões de junho, ____ tinham novidades para mim.

Marquei _____ pontos, um para cada resposta certa.

Destaquei estas palavras:

JULY

JULY HAS THIRTY-ONE DAYS,
TO SPEND AT THE BEACH AND THE SEA.
THE START OF LONG HOLIDAYS,
BUT NOT FOR YOU OR FOR ME...

JULY 1

Rimas. Combine as colunas, encontrando as palavras que rimam.

1. **chase** [caçar, perseguir]
2. **cease** [cessar]
3. **chore** [tarefa — doméstica]
4. **choir** [coro, grupo de canto]
5. **cedar** [cedro]

a) **shore** [praia; costa]
b) **face** [rosto; encarar]
c) **piece** [pedaço]
d) **reader** [leitor(a)]
e) **hire** [alugar]

JULY 2

Observe a pronúncia das palavras em destaque:

pneumatic [pneumático/a]
pneumonia [pneumonia]
psalm [salmo]
pseudonym [pseudônimo]
psyche [psique, psiquismo]
psycho [psicopata]
psychiatry [psiquiatria]
psychology [psicologia]
Ptolemy [Ptolomeu (astrônomo da Grécia Antiga)]

Concluímos que nas palavras iniciadas por **pn**, **ps** ou **pt**, o **p**:

a) é pronunciado; b) não é pronunciado.

JULY

3

Na "família" do verbo **possuir** (**possess**, **possession**, **possessor**, **possessive**), o primeiro dígrafo **ss** tem som de:

a) /s/; b) /z/.

Esse mesmo som ocorre em **dessert** [sobremesa], **dissolve** [dissolver] e **scissors** [tesoura], todas também com som de:

a) /s/; b) /z/.

Esse som ocorre também no início da palavra **xerox**, em franco contraste com a pronúncia dessa palavra em português.

JULY 4

Como você pronuncia **separate** nas frases a seguir?

- They live in **separate** rooms.
- They are going to **separate**, as they are not happy together.

Separate [*adj.* separado/a; *v.* separar(-se)], entre muitas palavras terminadas em **-ate**, tem som final de /ɪt/ ou /ət/ quando a palavra é usada como:

a) adjetivo ou substantivo;

b) verbo.

Ela tem som final de /eɪt/ (como em **eight**), quando:

a) adjetivo ou substantivo;

b) verbo.

Estão neste mesmo caso, entre outras:

alternate [*adj.* alternado/a; *v.* alternar(-se)];

associate [*s.*; *adj.*associado/a; *v.* associar(-se)];

elaborate [*adj.* elaborado/a; detalhado/a; *v.* elaborar; detalhar];

estimate [*s.* estimativa, avaliação; *v.* estimar, avaliar];

deliberate [*adj.* deliberado/a, intencional; *v.* deliberar, refletir];

graduate [*s.* graduado/a, formado/a; *v.* graduar-se, formar-se].

JULY
5

Nas palavras deste item, todas dissilábicas, o acento tônico recai na:

a) primeira sílaba; b) segunda sílaba.

antique [antiguidade]
unique [inigualável]
intrigue [intriga; intrigar]

physique [físico, corpo]
technique [técnica]
fatigue [fadiga]

JULY
6

Qual das afirmações abaixo não é verdadeira?

a) **Swallow** [andorinha; engolir] rima com **follow** [seguir], mas não com **shallow** [raso/a].

b) **Quiet** [quieto/a; calado/a; calmo/a] rima com **diet** [dieta], mas não com **riot** [distúrbio; tumulto].

c) **Sorry** [pesaroso/a; desculpe] rima com **lorry** [caminhão], mas não com **worry** [preocupação; preocupar(-se)].

JULY
7

Das palavras em destaque, todas dissilábicas, três são acentuadas na última sílaba e uma tem acento tônico na primeira. Qual é essa palavra?

effort [esforço]

event [evento, acontecimento]

success [sucesso]

result [resultado; resultar]

JULY 8

Na pronúncia britânica, **mayor** [prefeito] tem uma sílaba só, rimando com **chair** [cadeira] e com:

a) **prayer** [reza, prece]; b) **player** [jogador(a)].

Na pronúncia americana mais comum, **mayor** tem duas sílabas, rimando com:

a) **prayer**; b) **player**.

JULY 9

Rimas. Combine as colunas, encontrando as palavras que rimam.

1. **thread** [linha, fio]	a) **room** [sala; quarto]
2. **thorough** [completo/a]	b) **Bible** [Bíblia]
3. **truce** [trégua]	c) **bed** [cama]
4. **tomb** [túmulo]	d) **borough** [município]
5. **tribal** [tribal]	e) **juice** [suco]

JULY 10

Nas palavras deste item o acento tônico recai na:

a) primeira sílaba; b) segunda sílaba; c) última sílaba.

companion [companheiro/a]	**assassin** [assassino/a]
competitor [competidor(a)]	**emergency** [emergência]
cathedral [catedral]	**horizon** [horizonte]
colossal [colossal]	**habitual** [habitual]
important [importante]	**resistance** [resistência]

JULY 11

Bow [arco; laço] rima com **sow** [semear] e **row** [fila; remar]. Essas palavras também rimam com:

a) **now**; b) **know**.

Bow [proa; reverência] rima com **sow** [porca] e **row** [briga]. Nesses sentidos elas rimam com:

a) **now**; b) **know**.

JULY 12

Nas palavras deste item, o **s** soa /s/ mesmo, e não /z/. Indique a única que destoa, em que o **s** soa /z/.

promise [promessa; prometer]
jealousy [ciúme]
increase [aumento; aumentar]
decrease [diminuir; diminuição]
miserable [muito infeliz]
leasing [arrendamento]
neurosis [neurose]
hypnosis [hipnose]
esophagus [esôfago]
kerosene [querosene]

JULY 13

Rimas. Combine as colunas, encontrando as palavras que rimam.

1. **task** [tarefa]	a) **shiny** [*adj.* brilhante]
2. **haste** [pressa; precipitação]	b) **bet** [aposta; apostar]
3. **tease** [provocar, "mexer" (com)]	c) **mask** [máscara; mascarar]
4. **threat** [ameaça]	d) **cheese** [queijo]
5. **tiny** [minúsculo/a]	e) **waste** [desperdiçar]

JULY 14

Trifle [bobagem, coisa sem importância] rima com **rifle** [fuzil], o **i** com som de /aɪ/. Em **triple** [triplo; triplicar], o **i**:

a) tem o mesmo som; b) tem som diferente.

Triple rima com **cripple** [aleijado/a; aleijar].

JULY 15

A vogal imediatamente após uma sílaba tônica é, numa emissão mais rápida, muitas vezes omitida. Assim, em **interest**, **interested**, **interesting** [INt(e)rest, INt(e)rested, INt(e)resting], o primeiro **e** pode ser omitido. Combine as colunas, encontrando as vogais mudas das palavras em destaque.

1. **comfortable** [confortável]	a) O **u** é mudo.
2. **vegetable** [vegetal; legume]	b) O segundo **o** é mudo.
3. **mystery** [mistério]	c) O segundo **e** é mudo.
4. **separate** [*adj.* separado/a]	d) O **e** é mudo.
5. **awfully** [muito = **very**]	e) O primeiro **a** é mudo.

SAY IT RIGHT!

JULY 16

Qual das afirmações abaixo é incorreta?

a) **However** [contudo, todavia] rima com **forever** [para sempre], mas não com **endeavour/endeavor** [esforço].

b) **Smear** [untar; cobrir com óleo] rima com **spear** [lança], mas não com **swear** [jurar; xingar].

c) **Scourge** [flagelo, tormento] rima com **purge** [expurgo; expurgar; limpar] mas não com **George** (nome próprio).

JULY 17

Em **centimeter** [centímetro] e **millimeter** [milímetro], o acento tônico recai na:

a) primeira sílaba; b) segunda sílaba.

Em **diameter** [diâmetro], **barometer** [barômetro] e **thermometer** [termômetro], o acento tônico é na:

a) primeira; b) segunda.

Já em **kilometer** [quilômetro] pode-se acentuar a primeira [KILometer] ou a segunda [kiLOmeter].

JULY 18

Nas palavras da esquerda, o **e** tem som de /i:/ como em **complete** [completo/a; completar]. Nas da direita, o **e** tem som de /e/ mesmo, como em **forget** [esquecer]. Mas há um "intruso" em cada coluna, para você descobrir.

compete [competir]	**competitor** [competidor(a)]
athlete [atleta]	**athletic** [atlético/a]
concede [admitir]	**concession** [concessão]
hero [herói]	**heroine/heroin** [heroína/heroína (droga)]
precious [precioso/a]	**previous** [prévio/a, anterior]

JULY 19

Severe [severo/a; grave; sério/a] rima com **revere** [reverenciar], ambas acentuadas na última sílaba. Rimam com:

a) **bear** [urso; suportar];

b) **beer** [cerveja].

JULY 20

Smooth [liso/a; macio/a; suave]:

a) rima; b) não rima

com **tooth** [dente] e **youth** [juventude]. O **th** em **smooth** é consoante sonora (produzida com vibração das cordas vocais), pronunciada entre dentes, como em **this**, **then** e **mother**, um som menos áspero do que em **tooth** ou **youth**.

JULY 21

Como você pronuncia **graduate** nestas frases?

- Dustin Hoffmann was young when he starred in *The Graduate**.
- She is going to **graduate** from Unicamp next year.

Graduate [*s.* formado/a, licenciado/a; *v.* formar-se, licenciar-se], entre muitas palavras terminadas em **-ate**, tem som final de /ɪt/ ou /ət/ quando é usada como:

a) substantivo; b) verbo.

Ela tem som final de /eɪt/ como em **eight**, quando usada como:

a) substantivo; b) verbo.

Estão neste mesmo caso, entre outras:

alternate, **associate**, **deliberate**, **elaborate**, **estimate** e **separate**.

JULY 22

Rimas. Combine as colunas, encontrando as palavras que rimam.

1. **liver** [fígado]	a) **bathe** [banhar(-se)]
2. **lotion** [loção]	b) **devil** [diabo]
3. **lathe** [torno mecânico]	c) **river** [rio]
4. **lather** [espuma de sabão]	d) **ocean** [oceano]
5. **level** [nível]	e) **rather** [um tanto, meio]

* *Filme exibido no Brasil com o nome de* A primeira noite de um homem.

JULY 23

Nas palavras da esquerda, o **ou** tem som de /aʊ / como em **m<u>ou</u>th** [boca] e **c<u>ou</u>nt** [conde; contar]. Nas da direita, o **ou** tem som de /ʌ/ como em **y<u>ou</u>ng** [jovem]. Mas há um "intruso" em cada coluna, para você descobrir.

south [sul]	**southern** [do sul]
shout [grito; gritar]	**couple** [casal; par]
country [país; campo]	**county** [condado]
counter [balcão]	**cousin** [primo/a]
couch [divã; sofá]	**trouble** [problema; dificuldade]
doubt [dúvida; duvidar]	**double** [duplo/a; dobrar]

JULY 24

A vogal imediatamente após uma sílaba tônica é, numa emissão mais rápida, freqüentemente omitida. Assim, em **every** [EV(e)ry], o segundo **e** é mudo. Combine as colunas, encontrando as vogais mudas das palavras em destaque.

1. **medicine** [medicina; remédio]*	a) O primeiro **e** é mudo.
2. **chocolate** [chocolate]	b) O primeiro **i** é mudo.
3. **beverage** [bebida]	c) O segundo **o** é mudo.
4. **factory** [fábrica]	d) O segundo **e** é mudo.
5. **average** [média]	e) O **o** é mudo.

* *na pronúncia britânica*

JULY 25

Qual das afirmações abaixo não é verdadeira?

a) **Squat** [atarracado/a; agachar-se] rima com **hot** [quente], mas não com **hat** [chapéu].

b) **Beaver** [castor] rima com **weaver** [tecelão/tecelã], mas não com **fever** [febre].

c) **Squash** [esmagar] rima com **wash** [lavar], mas não com **ash** [cinza].

JULY 26

Device [aparelho; invento; plano];

entice [atrair, seduzir];

suffice [bastar, ser suficiente].

As três palavras são dissilábicas, rimando com **advice** [conselho(s)], acentuadas na:

a) primeira sílaba; b) segunda ou última sílaba.

JULY 27

Nas palavras deste item, o **a** tem som de /ɑ:/ como em **f<u>a</u>ther**, na pronúncia-padrão:

a) britânica; b) americana.

ask [perguntar; pedir] **task** [tarefa]

bask [aquecer-se — ao sol] **cask** [barril]

mask [máscara; mascarar] **flask** [frasco]

Nessas palavras o **a** tem som de /æ/ como em **b<u>a</u>d**, na pronúncia-padrão:

a) britânica; b) americana.

JULY 28

Qual das afirmações abaixo é incorreta?

a) **Satellite** [satélite] rima com **appetite** [apetite], mas não com **parasite** [parasita].

b) **Sieve** [peneira] rima com **live** [viver; morar], mas não com **leave** [deixar; sair; partir].

c) **Corps** [corpo — militar; diplomático] rima com **war** [guerra], mas não com **corpse** [cadáver].

JULY

29

Letras mudas. Combine as colunas, encontrando as letras que, em cada palavra, não são pronunciadas.

1. **subtle** [sutil]	a) O **o** é mudo.
2. **leopard** [leopardo]	b) O **g** é mudo.
3. **gnome** [gnomo]	c) O **u** é mudo.
4. **chestnut** [castanha]	d) O **b** é mudo.
5. **lifebuoy** [bóia de salvamento]	e) O primeiro **t** é mudo.

JULY

30

Observe o uso e a acentuação das palavras em destaque.

- What is the **object** of that special **project**?
- I want to **project** the color slides on the wall, but they **object** to that.

Object [*s.* objeto; *v.* objetar, fazer objeção a] e **project** [*s.* projeto; *v.* projetar], entre muitas palavras, são acentuadas na:

a) primeira sílaba; b) última sílaba

quando substantivos, e na:

a) primeira sílaba; b) última sílaba

quando verbos.

JULY

31

Algumas das palavras deste item, terminadas em **-ow**, rimam com **know**, enquanto outras rimam com **now**. Em cada seqüência há uma palavra em minoria, para você identificar.

1. **sow** [semear]; **crow** [corvo]; **blow** [golpe; soprar]; **vow** [promessa solene; jurar].
2. **plow** [arado; arar]; **tow** [rebocar]; **allow** [permitir]; **bow** [proa; reverência; curvar-se em reverência].
3. **mow** [ceifar; cortar]; **bow** [arco; laço]; **row** [briga, discussão]; **glow** [brilho; brilhar].

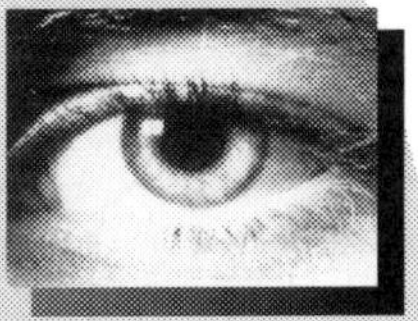

A Second Look at **JULY**

Assinale as SUAS questões deste mês.

Das 31 questões de julho, ____ tinham novidades para mim.

Marquei _____ pontos, um para cada resposta certa.

Destaquei estas palavras:

AUGUST

THE MONTH I LIKE THE MOST,
AND WHEN I HAVE LOTS OF FUN.
SO I'M DRIVING TO THE COAST,
BUT I'M NOT THE ONLY ONE...

AUGUST 1

Rimas. Combine as colunas, encontrando as palavras que rimam.

1. **onion** [cebola] — a) **beer** [cerveja]
2. **tear** [lágrima] — b) **plunge** [mergulhar]
3. **tear** [rasgar] — c) **chorus** [coro]
4. **Taurus** [Touro — signo] — d) **bunion** [joanete]
5. **sponge** [esponja] — e) **bear** [urso; agüentar]

AUGUST 2

Nas palavras deste item o **a** tem som de /æ/ como em **man**. Somente uma destoa, tendo o **a** som de /ɒ/ como em **not** na pronúncia britânica e /ɑ:/ como em **father** nos EUA. Qual é essa palavra?

a) **damp** [úmido/a]; e) **camp** [acampamento; acampar];

b) **stamp** [selo; selar]; f) **lamp** [lâmpada; lampião];

c) **tramp** [vagabundo/a]; g) **cramp** [câimbra];

d) **swamp** [pântano]; h) **vamp** [mulher fatal].

AUGUST 3

South [sul] rima com **mouth** [boca], o **ou** com som de /aʊ/, o **th** consoante surda (sem vibração das cordas vocais), som áspero, entre dentes. Nas palavras derivadas **southern** [*adj.* do sul] e **southerner** [*s.* sulista]:

a) somente o **ou** tem;

b) somente o **th** tem;

c) tanto o **ou** quanto o **th** têm

outra pronúncia.

Nas derivadas, a primeira sílaba [SOUTHern, SOUTHerner]:

a) rima; b) não rima

com **mouth**.

AUGUST 4

Nas palavras da esquerda, o **y** tem som de /aɪ/ como em **type** [tipo]. Nas da direita, o **y** tem o som breve de /ɪ/ como em **typical** [típico/a]. Mas há um "intruso" em cada coluna, para você descobrir.

rhyme [rima; rimar]	**rhythm** [ritmo]
hydrogen [hidrogênio]	**physical** [*adj.* físico/a]
psychological [psicológico/a]	**syllable** [sílaba]
style [estilo]	**syllabus** [programa de estudos]
encyclopedia [enciclopédia]	**physicist** [*s.* físico/a]
tyrant [tirano/a]	**oxygen** [oxigênio]
tyranny [tirania]	**cyclone** [ciclone]

AUGUST 5

Em **conspire** [conspirar, tramar], o **i** tem som de /aɪ/, rimando com **fire** [fogo]. Mas no substantivo **conspiracy** [conspiração, trama], o **i** soa:

a) /aɪ/;
b) /ɪ/.

AUGUST 6

Qual das afirmações abaixo não é verdadeira?

a) **Bury** [enterrar] rima com **very** [muito], mas não com **jury** [júri].

b) **Skunk** [gambá] rima com **drunk** [bêbado], mas não com **monk** [monge].

c) **Hunger** [fome] rima com **younger** [mais jovem], mas não com **anger** [raiva].

AUGUST 7

Em **Thames** [Tâmisa], **Thomas** (nome próprio), **Thailand** [Tailândia] e **thyme** [tomilho (erva culinária)], a característica em comum é:

a) todas têm duas sílabas;
b) o **h** não é pronunciado.

AUGUST

8

Em **Windsor** (nome da família real inglesa; duque, duquesa; cidade e castelo da Inglaterra), o **s** tem som de:

a) /z/; b) /s/ mesmo.

Além disso, na pronúncia mais comum:

a) o **d** é pronunciado; b) o **d** não é pronunciado.

Na pronúncia britânica, em que o **r** final:

a) é; b) não é

pronunciado, o nome rima com **cinza**, em português.

AUGUST

9

Em **vitamin** [vitamina] e **dynasty** [dinastia] o som em destaque é de:

a) /ɪ/; b) /aɪ/

na pronúncia britânica e de:

a) /ɪ/; b) /aɪ/

na americana.

AUGUST

10

Na grande maioria das palavras terminadas em **e**, essa vogal não é pronunciada. Nas palavras deste item, entretanto, o **e** final é pronunciado, como:

a) /i/ ou (nos EUA) /iː/; b) /e/ mesmo.

apostrophe [apóstrofo] **recipe** [receita culinária]

catastrophe [catástrofe] **sesame** [gergelim]

Yosemite (vale e parque natural da Califórnia, EUA)

AUGUST 11

Como você pronuncia **deliberate** nestas frases?

- It was not an accident. It was a **deliberate** attempt to kill them.
- There will be a formal meeting to **deliberate** the question.

Deliberate [*adj.* deliberado/a, intencional; *v.* deliberar, considerar; refletir sobre], entre muitas palavras terminadas em **-ate**, tem som final de /ɪt/ ou /ət/, quando usada como:

a) adjetivo; b) verbo;

e som final de /eɪt/, como em **eight**, quando usada como:

a) adjetivo; b) verbo.

Estão neste mesmo caso, entre outras palavras:

alternate, **associate**, **estimate**, **elaborate** e **graduate**.

AUGUST 12

Qual das afirmações abaixo é incorreta?

a) **Slaughter** [matança; matar] rima com **daughter** [filha], mas não com **laughter** [riso; risada].

b) **Leather** [couro] rima com **feather** [pena; pluma], mas não com **whether** [se].

c) **Mild** [ameno/a, suave] rima com **wild** [selvagem], mas não com **gild** [dourar].

AUGUST 13

Letras mudas. Combine as colunas, encontrando as letras que, em cada palavra, não são pronunciadas.

1. **shepherd** [pastor]	a) O **p** é mudo.
2. **knack** [jeito, habilidade]	b) O **o** é mudo.
3. **alms** [esmola(s)]	c) O segundo **h** é mudo.
4. **raspberry** [framboesa]	d) O primeiro **k** é mudo.
5. **jeopardize** [pôr em risco]	e) O **l** é mudo.

AUGUST 14

Rough [áspero/a; grosseiro/a] rima com **tough** [duro/a] e com:

a) **though** [embora, apesar de que];
b) **through** [através de];
c) **enough** [suficiente(mente)];
d) **bough** [galho, ramo];
e) **dough** [massa de pão];
f) **cough** [tosse; tossir].

AUGUST 15

As palavras em destaque, à exceção de duas, rimam com **made**. Encontre os "intrusos" em cada seqüência.

a) **aid** [ajuda; ajudar];
said [pret. e part. de **say**];
maid [empregada];
braid [trança].

b) **raid** [ataque; atacar];
laid [pret. e part. de **lay**];
paid [pret. e part. de **pay**];
plaid [tecido de xadrez].

AUGUST

16

As palavras deste item têm em comum a terminação **-ed**. Assinale a afirmação correta quanto à pronúncia de:

crooked [torto/a]; **naked** [nu(a)];

learned [culto/a; erudito/a]; **wicked** [perverso/a];

ragged [esfarrapado/a]; **rugged** [áspero/a; duro/a].

Todos esses adjetivos têm:

a) uma sílaba só, o **-ed** como /d/;

b) duas sílabas, o **-ed** como /ɪd/, em sílaba separada.

AUGUST

17

Abraham (nome próprio [Abraão]) rima com **ham** [presunto], mas não com:

a) **jam** [geléia];

b) **dam** [represa];

c) **Graham** (nome; sobrenome);

d) **lamb** [cordeiro].

AUGUST

18

Qual das afirmações abaixo é incorreta?

a) **Caress** [carícia; acariciar] rima com **success** [sucesso], mas não com **duress** [coação].

b) **Tongue** [língua] rima com **lung** [pulmão], mas não com **wrong** [errado/a].

c) **Move** [mover-se, mexer-se; mudar-se] rima com **prove** [provar], mas não com **dove** [pombo/a].

AUGUST 19

Na pronúncia mais comum de **margarine** [margarina], o **g** tem som de:

a) /g/; b) /j/; c) /dj/.

AUGUST 20

Observe o uso e a acentuação das palavras em destaque.

- There was a violent **conflict** between the government and the **rebels**.
- Our opinions do not **conflict**, so why should I **rebel** against his decision?

Conflict [*s.* conflito; *v.* conflitar, divergir] e **rebel** [*s.* rebelde; *v.* rebelar-se], entre muitas palavras, são acentuadas na:

a) primeira sílaba; b) última sílaba

quando substantivos, e na:

a) primeira sílaba; b) última sílaba

quando verbos.

AUGUST 21

Missile [míssil; projétil], na pronúncia britânica, rima com:

a) **mile** [milha];
b) **mill** [moinho; usina].

Na pronúncia americana, **missile** rima com:

a) **while** [enquanto];
b) **whistle** [assobio; assobiar].

AUGUST

22

No particípio dos verbos deste item, o **i** tem som diferente do que tem no infinitivo e no presente. Somente num desses verbos o **i** tem o mesmo som no infinitivo, presente e particípio. Qual é esse verbo?

a) **drive** - **driven** [dirigir];
b) **give** - **given** [dar];
c) **strive** - **striven** [esforçar-se];
d) **thrive** - **thriven** [prosperar].

AUGUST

23

Nas palavras deste item, terminadas em **-age**, o **a** está em sílaba não acentuada e soa como vogal fraca, átona, não rimando, portanto, com **age** [idade]. Há uma exceção, o **a** em sílaba acentuada, com som de /eɪ/, rimando com **age**, **page** [página] e **stage** [estágio; palco]. Qual é essa palavra?

courage [coragem]
average [média]
cottage [casa de campo]
manage [manejar; gerir]
engage [ocupar; prender]
encourage [encorajar]
language [língua]
village [aldeia]
advantage [vantagem]
damage [dano; danificar]
image [imagem]
disadvantage [desvantagem]

AUGUST **24**

Rimas. Combine as colunas, encontrando as palavras que rimam.

1. **quarter** [quarta parte]	a) **baker** [padeiro/a]
2. **Quaker** [quacre]	b) **porter** [carregador]
3. **quarry** [pedreira]	c) **port** [porto]
4. **quart** [quarto de galão]	d) **weary** [exausto/a]
5. **query** [perguntar]	e) **sorry** [pesaroso/a; desculpe]

AUGUST **25**

Das afirmações abaixo assinale a única incorreta.

a) **Owe** [dever] rima com **though** [embora, apesar de que];
b) **Own** [próprio/a; possuir] rima com **bone** [osso];
c) **Owl** [coruja] rima com **bowl** [tigela].

AUGUST **26**

Nas palavras da esquerda, à exceção de uma, o **y** tem o som breve de /ɪ/ como em **sit**. Nas da direita, também à exceção de uma, o **y** tem som de /aɪ/ como em **cite** [citar; intimar]. Identifique o "intruso" em cada coluna.

hymn [hino]	**hyena** [hiena]
hyprocrisy [hipocrisia]	**hyphen** [hífen]
hypocrite [*s.* hipócrita]	**hygiene** [higiene]
hypocritical [*adj.* hipócrita]	**hygienic** [higiênico/a]
hydrogen [hidrogênio]	**hypnosis** [hipnose]
hypnotize [hipnotizar]	**hypothesis** [hipótese]
hypnotic [hipnótico/a]	**hypothetical** [hipotético/a]

AUGUST

27

Observe o uso e a acentuação das palavras em destaque.

- There is a sharp **contrast** between **progress** and stagnation.
- In that book the writer **contrasts** Brazil and the United States to show how they have **progressed**.

Contrast [*s.* contraste; *v.* contrastar] e **progress** [*s.* progresso; *v.* progredir], entre muitas palavras, acentuam-se na:

a) primeira sílaba; b) segunda sílaba

quando substantivos, e na:

a) primeira sílaba; b) segunda sílaba

quando verbos.

AUGUST 28

Das afirmações a seguir, assinale a única incorreta.

a) **Worm** [verme; minhoca] rima com **germ** [germe], mas não com **dorm** [dormitório].

b) **Broth** [caldo, sopa rala] rima com **cloth** [pano], mas não com **both** [ambos/as].

c) **Abroad** [no/para o estrangeiro] rima com **applaud** [aplaudir], mas não com **fraud** [fraude; impostor(a)].

AUGUST 29

Nas palavras destacadas, a sílaba tônica é a primeira. Uma delas destoa, acentuada na segunda sílaba. Qual?

a) **Catholic** [católico/a];

b) **company** [companhia];

c) **comfortable** [confortável];

d) **companion** [companheiro/a];

e) **competence** [competência];

f) **competent** [competente];

g) **cemetery** [cemitério];

h) **centimeter** [centímetro].

AUGUST 30

Qual das afirmações abaixo é incorreta?

a) **Stage** [estágio; palco] rima com **page** [página], mas não com **gauge** [medida; bitola; medidor; medir].

b) **Tomb** [túmulo] rima com **room** [sala; quarto], mas não com **bomb** [bomba; bombardear].

c) **Hint** [insinuação; insinuar] rima com **mint** [hortelã], mas não com **pint** [medida para líquidos — cerca de meio litro].

AUGUST

31

Rimas. Combine as colunas, encontrando as palavras que rimam.

1. **Cain** (nome bíblico [Caim])	a) **freezer** [congelador]
2. **cleanse** [purificar; limpar]	b) **cane** [cana; bengala]
3. **Caesar** (nome romano [César])	c) **better** [melhor]
4. **anxiety** [ansiedade]	d) **lens** [lente]
5. **debtor** [devedor(a)]	e) **variety** [variedade]

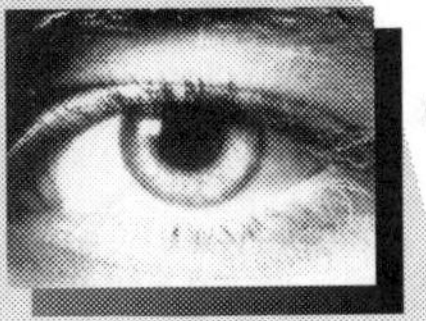

A Second Look at **AUGUST**

Assinale as SUAS questões deste mês.

Das 31 questões de agosto, ____ tinham novidades para mim.

Marquei _____ pontos, um para cada resposta certa.

Destaquei estas palavras:

SEPTEMBER

SEPTEMBER HAS THIRTY DAYS,
IT'S THE BEGINNING OF FALL.
THE END OF SCHOOL HOLIDAYS,
AND NOW IT'S WORK FOR ALL.

SEPTEMBER

1

Observe o uso e a acentuação das palavras em destaque.

- The policeman says the **suspect** is a drug **addict**.
- They **suspect** he is **addicted** to heroin.

Suspect [*s.* suspeito; *v.* suspeitar] e **addict** [*s.* viciado/a; *v.* viciar (**be addicted to** [ser viciado/a em])], entre outras palavras, são acentuadas na:

a) primeira sílaba; b) segunda sílaba

quando substantivos, e na:

a) primeira sílaba; b) segunda sílaba

quando verbos.

SEPTEMBER

2

Nas palavras da esquerda, à exceção de uma, o **a** tem som de /æ/ como em **habit** [hábito]. Nas da direita, também à exceção de uma, o **a** tem som de /eɪ/ como em **hate** [ódio; odiar]. Mas há um "intruso" em cada coluna, para você descobrir.

hazard [risco, perigo]	**hatred** [ódio]
hazardous [arriscado/a]	**haste** [pressa]
haven [porto seguro]	**hasten** [apressar(-se)]
haphazard [desorganizado/a]	**havoc** [devastação]

SEPTEMBER

3

Status [estado; situação; posição]; **stadium** [estádio]; **staple** [alimento principal; grampo; grampear]. Nessas três palavras a sílaba tônica é a primeira e o **a** tem som de /eɪ/ como em:

a) **stay** [ficar]; b) **stare** [fitar]; c) **star** [estrela].

SEPTEMBER 4

Arose [pret. de **arise** (surgir)] rima com **nose** [nariz], mas **arouse** [despertar; estimular] rima com:

a) **house** [casa];
b) **mouse** [camundongo];
c) **cows** [vacas].

Em **house** e **mouse** o **s** tem som de:

a) /z/; b) /s/.

SEPTEMBER 5

Na pronúncia-padrão da GB, **rather** [um tanto, meio] rima com:

a) **father** [pai]; b) **gather** [juntar(-se)].

Na dos EUA, **rather** rima com:

a) **father**; b) **gather**.

SEPTEMBER 6

Em **robot** [robô], acentua-se a primeira sílaba [RObot] e o **t**:

a) é pronunciado; b) não é pronunciado.

Em **pivot** [pivô; eixo], acentua-se a primeira sílaba [PIVot] e o **t**:

a) é pronunciado; b) não é pronunciado.

Mas em **tarot** [tarô], o **t**:

a) é pronunciado; b) não é pronunciado.

Tarot rima com **narrow** [estreito/a].

SEPTEMBER

7

Em algumas das palavras deste item, o **ea** tem o som longo de /i:/ como em **r<u>ea</u>d** [ler]. Em outras, o som é de /e/ como no pretérito e particípio desse mesmo verbo. Em cada seqüência há uma palavra em minoria, para você identificar.

1. **weave** [tecer]; **wheat** [trigo];
   realm [reino]; **yeast** [fermento].
2. **steady** [firme; estável]; **sweat** [suor; suar];
   threat [ameaça]; **measles** [sarampo].
3. **pleasant** [agradável]; **pleasure** [prazer];
   heathen [pagão/pagã]; **threaten** [ameaçar].

SEPTEMBER

8

Na pronúncia dos EUA, **shone** [pret. e part. de **shine** (brilhar)] rima com **bone** [osso] e **own** [próprio/a; possuir], o **o** com som de /oʊ/. Em inglês britânico, porém, **shone** tem outro som vocálico, rimando com:

a) **an**; b) **on**; c) **one**.

SEPTEMBER

9

As palavras abaixo, quando substantivos, acentuam-se na:

a) primeira sílaba;
b) segunda ou última sílaba.

Quando usadas como verbos, a acentuação é na:

a) primeira sílaba;
b) segunda ou última sílaba.

compress [*s.* compressa; *v.* comprimir]

conduct [*s.* conduta; *v.* (**oneself**) conduzir-se]

contest [*s.* competição; *v.* competir; contestar]

contract [*s.* contrato; *v.* contrair(-se)]

convict [*s.* presidiário/a; *v.* condenar]

SEPTEMBER

10

Em algumas das palavras abaixo, o **ch** tem som de /k/; em outras o som é de /tʃ/ como em **ch**ur**ch**. Em cada seqüência há uma palavra em minoria, para você identificar.

1. **chorus** [coro]; **chaos** [caos];

   chaotic [caótico/a]; **chore** [tarefa doméstica].

2. **chemistry** [química]; **chameleon** [camaleão];

   chalice [cálice]; **chemist** [*s.* químico/a].

3. **chamber** [câmara]; **chemical** [*adj.* químico/a];

   Christmas [Natal]; **chord** [acorde — musical].

SEPTEMBER **11**

Letras mudas. Combine as colunas, encontrando as letras que, em cada palavra, não são pronunciadas.

1. **guardian** [guardião/guardiã; protetor(a)]	a) O **l** é mudo.
2. **coup** [golpe — de Estado]	b) O segundo **a** é mudo.
3. **plumber** [bombeiro hidráulico]	c) O **b** é mudo.
4. **palm** [palma; palmeira]	d) O **u** é mudo.
5. **pharaoh** [faraó]	e) O **p** é mudo.

SEPTEMBER **12**

Qual das afirmações abaixo está incorreta?

a) **Hasty** [apressado/a, precipitado/a] rima com **tasty** [saboroso/a, gostoso/a], mas não com **nasty** [desagradável].

b) **Heave** [levantar — algo pesado] rima com **weave** [tecer], mas não com **sieve** [peneira; peneirar].

c) **Scowl** [cara feia; olhar com cara feia] rima com **growl** [rosnar], mas não com **owl** [coruja].

SEPTEMBER **13**

O **g** antes de **n** na mesma sílaba não é pronunciado. Das afirmações a seguir assinale a única incorreta.

a) **Deign** [dignar-se] é homófono (mesmo som; grafia e significado diferentes) de **Dane** [dinamarquês/dinamarquesa].

b) **Reign** [reinado] é homófono de **rein** [rédea] e **rain** [chuva; chover].

c) **Feign** [fingir] é homófono de **fan** [leque; ventilador; fã].

SEPTEMBER **14**

Na maioria das palavras deste item, terminadas em **-ease**, o som final é de /s/ e não de /z/. Mas em três delas o **s** tem som de /z/. Quais são essas três?

a) **release** [soltar, libertar];
b) **cease** [cessar];
c) **increase** [aumento; aumentar];
d) **ease** [facilidade];
e) **grease** [graxa; brilhantina];
f) **lease** [arrendar];
g) **decrease** [diminuição; diminuir];
h) **tease** [provocar];
i) **please** [satisfazer];
j) **crease** [vinco; vincar].

SEPTEMBER **15**

Em duas das palavras abaixo, o **h** não é pronunciado. Quais?

behave [comportar-se]
honest [honesto/a; franco/a]
inherit [herdar]
behaviour/behavior [comportamento]
horizon [horizonte]
alcohol [álcool]
honour/honor [honra]
inheritance [herança]
homage [homenagem]
heritage [patrimônio]

SEPTEMBER 16

Tyranny [tirania] e **tyrant** [tirano/a] são acentuadas na primeira sílaba [TYRanny, TYrant]. Em **tyranny** o **y** tem som de /ɪ/, mas em **tyrant** o **y** tem som de:

a) /ɪ/; b) /aɪ/.

SEPTEMBER 17

Nas palavras abaixo, menos uma, o **s** (ou **ss**) tem som de /s/ e não de /z/. Identifique aquela em que o som é de /z/.

disappoint [decepcionar] **disappointment** [decepção]

disapprove [desaprovar] **disapproval** [desaprovação]

disobey [desobedecer] **disobedient** [desobediente]

dishonest [desonesto/a] **dishonesty** [desonestidade]

disorder [desordem; distúrbio] **dissolve** [dissolver]

SEPTEMBER 18

Observe o uso e a acentuação das palavras em destaque.

- He wants an **increase** in salary and a new **contract**.
- If you **contract** that debt, your problems will **increase**.

Increase [*s.* aumento; *v.* aumentar] e **contract** [*s.* contrato; *v.* contrair(-se)], entre muitas palavras, acentuam-se na:

a) primeira sílaba; b) última sílaba

quando substantivos, e na:

a) primeira sílaba; b) última sílaba

quando verbos.

SEPTEMBER 19

Chapel [capela] e **lapel** [lapela] não rimam. **Chapel** tem acento tônico na:

a) primeira sílaba; b) segunda sílaba.

Em **lapel** acentua-se a:

a) primeira; b) segunda.

SEPTEMBER 20

Em duas das palavras deste item o **h** não é pronunciado. Quais?

a) **rehearse** [ensaiar];
b) **host** [anfitrião];
c) **rehearsal** [ensaio];
d) **hostess** [anfitriã];
e) **hesitant** [hesitante];
f) **heir** [herdeiro];
g) **hostage** [refém];
h) **inhabit** [habitar];
i) **heiress** [herdeira];
j) **inhabitant** [habitante].

SEPTEMBER 21

Lesion [lesão] e **vision** [visão] não rimam. O **e** em **lesion** tem som de /i:/; em **vision** o **i** tem som de:

a) /ɪ/; b) /i:/.

SEPTEMBER 22

Em geral, o **ph** tem som de /f/. Isso acontece nas palavras em destaque, menos numa, em que o **p** soa /p/ e o **h** é mudo. Qual?

physician [médico/a] **physicist** [físico/a]

phantom [fantasma] **prophet** [profeta]

shepherd [pastor] **philosopher** [filósofo]

triumph [triunfo] **photographer** [fotógrafo/a]

sulphur [enxofre] **cypher** [código; zero]

SEPTEMBER 23

Rimas. Combine as colunas encontrando as palavras que rimam.

1. **theme** [tema] a) **awe** [admiração, respeito e temor]

2. **fault** [culpa; falha] b) **seem** [parecer]

3. **ton** [tonelada] c) **minor** [menor]

4. **thaw** [degelo; degelar] d) **salt** [sal]

5. **diner** [comensal] e) **nun** [freira]

SEPTEMBER 24

Nas palavras abaixo, o **s** tem som de /s/ mesmo e não de /z/. Excetua-se uma em que o **s** soa /z/. Qual é ela?

a) **gas** [gás];
b) **promise** [promessa; prometer];
c) **paradise** [paraíso];
d) **observe** [observar];
e) **parasite** [parasita];
f) **fantasy** [fantasia];
g) **basin** [bacia];
h) **philosophy** [filosofia];
i) **spouse** [esposo/a];
j) **philosopher** [filósofo/a];
k) **hypnosis** [hipnose];
l) **paralysis** [paralisia].

SEPTEMBER 25

Human [humano/a, relativo à humanidade] e **humane** [humano/a, bondoso/a; humanitário/a], além do sentido, divergem também na pronúncia. Ambas são dissilábicas, com o **h** aspirado, mas em **human** acentua-se a:

a) primeira sílaba; b) última sílaba,

enquanto em **humane** a sílaba tônica é a:

a) primeira; b) última,

rimando com **insane** [demente] e **complain** [reclamar].

SEPTEMBER

26

Como você pronuncia **estimate** nestas frases?

- My **estimate** of the building costs was quite wrong.
- I **estimate** the Queen's age at about seventy.

Estimate [*s.* avaliação; estimativa; *v.* avaliar; estimar], entre muitas palavras terminadas em **-ate**, tem som final de /ɪt/ ou /ət/ quando usada como:

a) substantivo; b) verbo,

e som final de /eɪt/ como em **eight** quando usada como:

a) substantivo; b) verbo.

Estão no mesmo caso, entre outras:

alternate, **associate**, **deliberate**, **elaborate**, **graduate** e **separate**.

SEPTEMBER 27

Homófonos. Combine as colunas encontrando as palavras que, apesar de grafia e significado diferentes, têm a mesma pronúncia.

1. **pear** [pêra] a) **root** [raiz]
2. **bass** [baixo – música] b) **birth** [nascimento]
3. **foul** [falta; horrível] c) **pair** [par]
4. **route** [rota; caminho] d) **base** [base]
5. **berth** [leito; distância; espaço] e) **fowl** [ave doméstica]

SEPTEMBER 28

Rimas. Combine as colunas, encontrando as palavras que rimam.

1. **Haiti** [Haiti] a) **call** [chamada; chamar]
2. **halt** [parada; parar] b) **eighty** [oitenta]
3. **haven** [porto seguro] c) **fault** [culpa; falha]
4. **hind** [*adj.* traseiro/a) d) **raven** [corvo]
5. **haul** [puxar; transportar] e) **mind** [mente; importar-se]

SEPTEMBER 29

Hugh [Hugo], **Hughes** e **Holmes** (sobrenomes) têm em comum o fato de algumas de suas letras serem mudas. Combine as colunas.

1. **Hugh** a) O **l** é mudo. Soa como **homes** [lares].
2. **Hughes** b) O **gh** é mudo. Rima com **few** [poucos/as].
3. **Holmes** c) O **gh** é mudo. Rima com **news** [notícia(s)].

SEPTEMBER

30

Nas palavras deste item o **s** tem som de /s/ e não de /z/. Assinale a única que destoa, o **s** com som de /z/.

a) **precise** [preciso/a, exato/a];
b) **concise** [conciso/a];
c) **generosity** [generosidade];
d) **gasoline** [gasolina];
e) **fantasy** [fantasia];
f) **lens** [lente];
g) **episode** [episódio];
h) **crusade** [cruzada];
i) **ecstasy** [êxtase];
j) **dose** [dose];
k) **decisive** [decisivo/a];
l) **paradise** [paraíso].

A Second Look at SEPTEMBER

Assinale as SUAS questões deste mês.

Das 30 questões de setembro, ____ tinham novidades para mim.

Marquei _____ pontos, um para cada resposta certa.

Destaquei estas palavras:

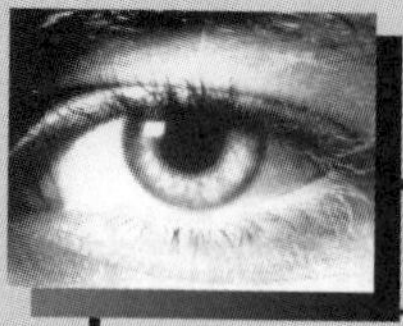

OCTOBER

HALLOWEEN IS IN OCTOBER,
AND ALL CHILDREN CELEBRATE.
AS PIRATES, WITCHES OR GHOSTS,
AND EVEN AS CHIEFS OF STATE!

OCTOBER 1

Nomes da ciência. Combine as colunas, de acordo com a pronúncia dos nomes em destaque.

1. Charles **Darwin**	a) Acentua-se a segunda sílaba.
2. John **Dalton**	b) Rima com **trail** [trilha].
3. Louis **Braille**	c) Rima com **calling** [chamando].
4. Alfred **Nobel**	d) O **w** soa /w/, e não /v/.
5. Linus **Pauling**	e) O **a** soa como em **all**.

*(**1.** naturalista inglês; **2.** químico e físico inglês; **3.** francês, inventor do sistema de escrita para cegos; **4.** engenheiro e químico sueco; **5.** químico norte-americano.)*

OCTOBER 2

Qual das afirmações abaixo é incorreta?

a) **Tan** [bronzeado; bronzear] rima com **ban** [proibição; proibir], mas não com **swan** [cisne].

b) **Guard** [guarda; guardar] rima com **hard** [duro/a; difícil], mas não com **ward** [enfermaria; ala].

c) **Pour** [despejar; servir — líquidos] rima com **store** [loja], mas não com **drawer** [gaveta].

OCTOBER 3

Frontier [fronteira], na pronúncia-padrão da GB, acentua-se na:

a) primeira sílaba; b) segunda e última sílaba.

Na pronúncia americana é o inverso, rimando com **appear** [parecer; aparecer] e **career** [carreira].

OCTOBER

4

Em **manage** [conseguir; administrar; gerir], **manager** [gerente] e **management** [administração; gerência], a sílaba tônica é a:

a) primeira; b) segunda.

OCTOBER

5

A terminação **-ough** é das mais irregulares quanto à pronúncia. Combine as colunas, encontrando as palavras que rimam.

1. **though** [embora, apesar de que]	a) **cow** [vaca]
2. **cough** [tosse; tossir]	b) **crew** [tripulação]
3. **bough** [galho, ramo]	c) **toe** [dedo do pé]
4. **tough** [duro/a]	d) **off** [fora]
5. **through** [através de]	e) **enough** [suficiente]

OCTOBER

6

Nas palavras da esquerda, todas iniciadas com **swa**, a vogal soa como o **o** em **n<u>o</u>t** ou como o **a** em **wh<u>a</u>t**. Combine as colunas, encontrando as palavras que rimam.

1. **swallow** [andorinha; engolir]	a) **stop** [parada; parar]
2. **swamp** [pântano]	b) **follow** [seguir]
3. **swan** [cisne]	c) **romp** [brincadeira; brincar]
4. **swap** [troca; trocar]	d) **on** [em; sobre]
5. **swat** [matar (inseto) — com tapa]	e) **hot** [quente]

OCTOBER

7

Todas as palavras deste item rimam entre si. Excetua-se uma, em que o som do **a** é outro, rimando com **past** [passado]. Qual é essa palavra?

a) **waste** [desperdiçar];

b) **taste** [gosto; provar];

c) **haste** [pressa];

d) **paste** [cola; colar];

e) **caste** [*s.* casta, classe social];

f) **chaste** [*adj.* casto/a; puro/a].

OCTOBER

8

Qual das afirmações abaixo é incorreta?

a) **Grasp** [agarrar; entender] rima com **gasp** [arfar; abrir a boca], mas não com **wasp** [vespa; marimbondo].

b) **Liver** [fígado] rima com **river** [rio], mas não com **shiver** [tremer de frio ou de medo].

c) **Layer** [camada] rima com **player** [jogador(a)], mas não com **prayer** [reza, prece, oração].

OCTOBER **9**

Nas palavras deste item, a sílaba tônica é a que vem antes da terminação **-ture**. Excetua-se uma, em que o acento recai sobre essa terminação. Qual é essa palavra?

a) **future** [futuro];
b) **capture** [capturar];
c) **nature** [natureza];
d) **departure** [partida];
e) **mature** [maduro/a];
f) **mixture** [mistura];
g) **feature** [característica];
h) **manufacture** [fabricar];
i) **adventure** [aventura];
j) **picture** [quadro; filme].

E em **furniture** [mobília], a sílaba tônica é a:

a) primeira; b) segunda; c) última.

OCTOBER **10**

O conjunto de edifícios **Rockefeller Center**, em Nova York, foi mandado construir por John D. Rockefeller, Jr.
Como você pronuncia o sobrenome dessa família de magnatas norte-americanos? Ao contrário da forma popularizada entre nós (*Beto Rockfeller* foi nome de uma novela dos anos 60), há um **e** após a sílaba tônica, e ele:

a) é pronunciado;
b) não é pronunciado.

Esse **e** soa como vogal fraca, átona. Em **Rockefeller** há:

a) três sílabas;
b) quatro sílabas.

OCTOBER 11

Nas palavras da esquerda, o **i** tem som de /aɪ/ como em **bite**. Nas da direita, o **i** tem o som breve de /ɪ/ como em **bit**. Mas há um "intruso" em cada coluna, para você descobrir.

wild [selvagem]	**wizard** [s. mágico]
rival [rival]	**differ** [diferir]
wilderness [deserto]	**wicked** [perverso/a]
friar [frade]	**Viking** [viquingue]
rivalry [rivalidade]	**dwindle** [diminuir]
minute [minúsculo/a]	**hideous** [horroroso/a]
twilight [crepúsculo]	**spinster** [solteira, solteirona]

OCTOBER 12

Como você pronuncia o nome do escritor norte-americano, mestre das histórias de terror, **Stephen King**? Nesse nome o **ph** tem som de:

a) /f/; b) /v/.

Na verdade esse nome soa igualzinho ao de outro mestre, agora do cinema:

a) **Steve** McQueen; b) **Steven** Spielberg.

OCTOBER **13**

Qual das afirmações abaixo não é verdadeira?

a) **Spear** [lança] rima com **gear** [engrenagem], mas não com **pear** [pêra].

b) **Swap** [troca; trocar] rima com **stop** [parada; parar], mas não com **lap** [colo].

c) **Scare** [assustar] rima com **swear** [jurar; xingar], mas não com **heir** [herdeiro].

OCTOBER **14**

Os adjetivos em destaque, terminados em **-ed**, são dissilábicos, sendo o final pronunciado /ɪd/, em sílaba separada. Excetua-se um, que tem uma sílaba só, não se pronunciando o **e**. Qual é essa palavra, por sinal bem comum?

a) **gifted** [dotado/a, talentoso/a];

b) **naked** [nu(a)];

c) **sacred** [sagrado/a];

d) **crooked** [torto/a];

e) **wicked** [perverso/a];

f) **wretched** [infeliz];

g) **closed** [fechado/a];

h) **ragged** [esfarrapado/a].

OCTOBER

15

Franklin Delano (acentua-se a primeira sílaba [DELano]) Roosevelt, o único presidente dos EUA reeleito por três vezes, é uma figura histórica importante para o mundo ocidental, pela sua firme liderança durante a Segunda Guerra Mundial. Em **Roosevelt**, a sílaba tônica é a primeira [ROOSevelt], que, na pronúncia mais comum, tem o mesmo som de **rose** [rosa], rimando com:

a) **whose** [de quem; cujo/a];

b) **those** [aqueles/as].

O **e** após essa sílaba tônica é pronunciado, como uma vogal fraca, átona. Portanto pronunciam-se:

a) três sílabas;

b) duas sílabas.

OCTOBER

16

A expressão **child abuse** [abuso, maus-tratos a uma criança] reflete uma triste realidade dos nossos tempos. Como você pronuncia o **s** da palavra **abuse** quando, como nesse caso, ela é um substantivo?

a) /s/; b) /z/.

E quando **abuse** é verbo [abusar; maltratar; insultar], o **s** tem som de:

a) /s/; b) /z/.

A mesma diferença de sons acontece em **use** [*s.* uso; utilidade; *v.* usar, utilizar] e **excuse** [*s.* desculpa, pretexto; *v.* desculpar].

OCTOBER **17**

Nas palavras da esquerda, o **g** tem som de /g/, como em **get**. Nas da direita, o **g** tem som de /dj/ como em **gem** [pedra preciosa]. Mas há um "intruso" em uma das colunas, para você descobrir.

gear [engrenagem]	**ginger** [gengibre]
giggle [rir nervosamente]	**gesture** [gesto]
huge [enorme]	**lozenge** [pastilha]
gild [dourar]	**hostage** [refém]
giddy [tonto/a]	**midget** [anão/anã]
geese [gansos]	**gist** [sentido geral, essência]

OCTOBER **18**

Letras mudas. Combine as colunas encontrando, em cada palavra, as letras que não são pronunciadas.

1. **aisle** [corredor; passagem]	a) O **l** é mudo.
2. **asthma** [asma]	b) O **c** é mudo.
3. **mortgage** [hipoteca; hipotecar]	c) O **th** é mudo.
4. **salmon** [salmão/salmões]	d) O **s** é mudo.
5. **indict** [indiciar, acusar de crime]	e) O **t** é mudo.

OCTOBER 19

Nas palavras deste item, terminadas em **-age**, o **a** ocorre em sílaba não acentuada e soa como vogal fraca, átona /ə/, ou tem o som breve de /ɪ/. Há uma exceção, em que o **a** tem som de /eɪ/, rimando com **age** [idade] ou **rage** [raiva]. Qual é essa palavra?

a) **voyage** [viagem];
b) **garbage** [lixo];
c) **village** [aldeia];
d) **shortage** [escassez];
e) **sausage** [salsicha];
f) **outrage** [ultraje];
g) **beverage** [bebida];
h) **cottage** [casa de campo].

OCTOBER 20

Em algumas das palavras abaixo, o **i** tem som de /aɪ/ como em **bite**. Noutras o **i** tem o som breve de /ɪ/ como em **bit**. Em cada seqüência há uma palavra em minoria, para você identificar.

1. **linen** [linho]; **stingy** [avarento/a, pão-duro];
   vine [planta trepadeira]; **vineyard** [vinhedo].

2. **minor** [s.; *adj.* menor]; **minus** [menos];
   fibre/fiber [fibra]; **lily** [lírio].

3. **mime** [mímica; fazer mímica]; **mimic** [imitar; imitador(a)];
   lilac [lilás]; **migrant** [s.; *adj.* migrante].

OCTOBER

21

Em duas das palavras deste item, o **s** tem som de /z/. Nas outras três o **s** tem som de /s/ mesmo, rimando com **face** ou **space**. Marque /z/ ou /s/ nos espaços adequados.

a) **case** / / [caso; caixa];
b) **phase** / / [fase];
c) **base** / / [base; basear];
d) **phrase** / / [frase];
e) **chase** / / [caça; caçar; perseguir].

Outra palavra terminada em **-ase**, **vase** [jarra para flores], pronuncia-se /vɑ:s/ na pronúncia-padrão:

a) britânica; b) americana

e /veɪs/ ou /veɪz/ na outra variedade de inglês.

OCTOBER **22**

Observe a acentuação das palavras deste item.

mountain [montanha]	**complain** [reclamar]
fountain [fonte]	**explain** [explicar]
curtain [cortina]	**remain** [permanecer]
captain [capitão]	**contain** [conter]
bargain [pechincha]*	**obtain** [obter]
villain [vilão]	**entertain** [entreter]
certain [certo/a]	**ascertain** [averiguar]

Nos substantivos e adjetivos acentua-se a:

a) primeira sílaba; b) última sílaba,

sendo o **ai** pronunciado como vogal fraca, átona, quase imperceptível. Nos verbos acentua-se a:

a) primeira sílaba, b) última sílaba,

o **ai** com som de /eɪ/, rimando com **pain** [dor] ou **train** [trem].

OCTOBER **23**

Os substantivos **domain** [domínio] e **terrain** [terreno] não se enquadram no padrão observado no item anterior, sendo acentuados na:

a) primeira sílaba;

b) segunda e última sílaba.

* ***Bargain*** *(mesma pronúncia) também pode ser verbo [pechinchar].*

SAY IT RIGHT!

OCTOBER 24

Nas palavras deste item, terminadas em **-age**, o **a** está em sílaba não acentuada e soa como /ə/, vogal fraca, átona, ou tem o som breve de /ɪ/. Há uma exceção, em que o **a** tem som de /eɪ/, rimando com **age** [idade] ou **page** [página]. Qual é essa palavra?

a) **homage** [homenagem];
b) **hostage** [refém];
c) **heritage** [patrimônio];
d) **teenage** [de adolescente(s)];
e) **mortgage** [hipoteca];
f) **savage** [selvagem];
g) **foliage** [folhagem];
h) **bondage** [escravidão];
i) **garbage** [lixo];
j) **mileage** [milhagem].

OCTOBER 25

Nas palavras deste item, todas terminadas em **-ove**, o **o** tem três sons diferentes. Nos parênteses após cada palavra, escreva **1** quando ela rimar com **drove** [pret. de **drive** (dirigir)]; **2** quando rimar com **love** [amor; amar]; **3** quando rimar com **you've** (contração de **you have**).

a) **glove** ( ) [luva];
b) **prove** ( ) [provar];
c) **stove** ( ) [fogão];
d) **dove** ( ) [pombo/a];
e) **move** ( ) [mover(-se)];
f) **wove** ( ) [pret. de **weave** (tecer)];
g) **clove** ( ) [cravo-da-índia];
h) **shove** ( ) [empurrão; empurrar];
i) **dove** ( ) [pret. de **dive** (mergulhar)];
j) **above** ( ) [acima].

OCTOBER 26

No adjetivo **private** [privado/a, particular], o **i** tem som de /aɪ/, como em **my**, e a terminação **-ate** tem som átono:

a) rimando; b) não rimando

com **eight**.

No substantivo **privacy** [privacidade], o **i** tem som de /aɪ/ na pronúncia-padrão:

a) da GB; b) dos EUA,

e o som breve de /ɪ/:

a) na GB; b) nos EUA.

OCTOBER 27

Homófonos. Combine as colunas encontrando as palavras que, apesar de grafia e significado diferentes, têm a mesma pronúncia.

1. **won** [pret. e part. de **win** (vencer)]	a) **root** [raiz]
2. **quay** [cais]	b) **one** [um(a)]
3. **colonel** [coronel]	c) **mare** [égua]
4. **route** [rota; estrada]	d) **key** [chave]
5. **mayor*** [prefeito]	e) **kernel** [miolo]

OCTOBER 28

Em algumas das palavras destacadas, o **i** tem som de /aɪ/ como em **bite**. Noutras o **i** tem o som breve de /ɪ/, como em **bit**. Em cada seqüência há uma palavra em minoria, para você identificar.

a) **pirate** [pirata]; **siren** [sirene];
hiccup [soluço; soluçar]; **whilst** [enquanto].

b) **hinder** [atrapalhar]; **kindle** [acender (fogo)];
pinafore [avental]; **winding** [sinuoso/a].

c) **ribbon** [fita]; **rifle** [rifle, fuzil];
rhino [rinoceronte]; **saliva** [saliva].

* *na pronúncia da GB*

OCTOBER

29

Quit [deixar (de); parar, desistir (de)] tem uma sílaba só, rimando com:

a) **sit** [sentar-se]; b) **site** [local].

Quite [bastante; completamente] tem uma sílaba só, rimando com:

a) **height** [altura]; b) **weight** [peso].

Quiet [quieto/a; calado/a; calmo/a] tem duas sílabas, rimando com:

a) **right** [direito/a]; b) **riot** [tumulto].

OCTOBER 30

Rimas. Combine as colunas, encontrando as palavras que rimam.

1. **sewing** [costura]
2. **slaughter** [matança; matar]
3. **soccer** [futebol]
4. **source** [fonte, origem]
5. **steady** [firme; estável]

a) **hoarse** [rouco/a]
b) **ready** [pronto/a]
c) **showing** [mostrando]
d) **rocker** [roqueiro/a]
e) **daughter** [filha]

OCTOBER 31

Letras mudas. Combine as colunas encontrando, em cada palavra, as letras que não são pronunciadas.

1. **nuisance** [chato; chatice]
2. **cocoa** [cacau; chocolate]
3. **gnash** [ranger os dentes]
4. **safety** [segurança]
5. **soften** [suavizar(-se)]

a) O **g** é mudo.
b) O **e** é mudo.
c) O **a** é mudo.
d) O **t** é mudo.
e) O **i** é mudo.

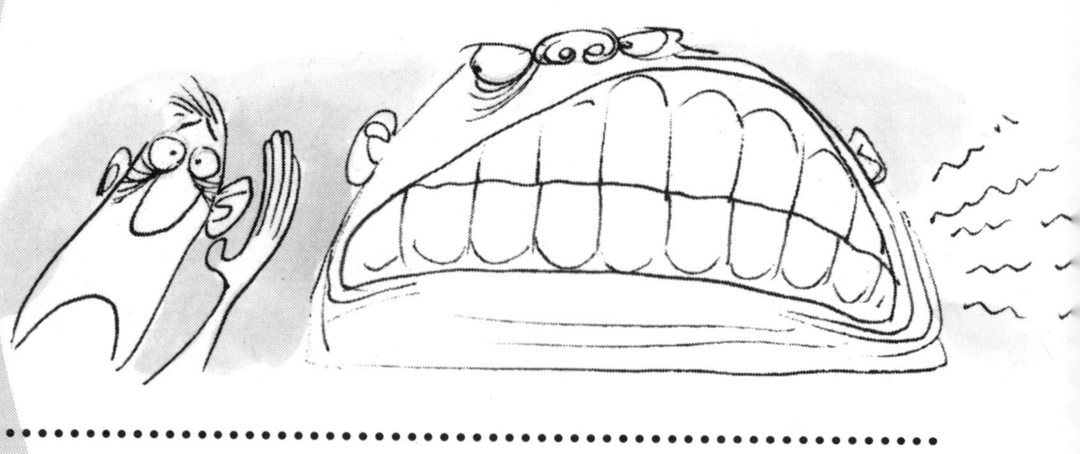

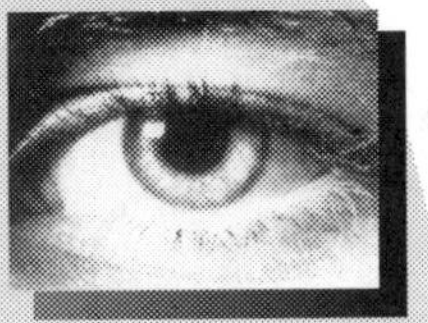

A Second Look at OCTOBER

Assinale as SUAS questões deste mês.

Das 31 questões de outubro, ____ tinham novidades para mim.

Marquei _____ pontos, um para cada resposta certa.

Destaquei estas palavras:

NOVEMBER

NO... NO... NO... NOVEMBER...
NO FRUIT, NO FLOWERS, NO BIRDS IN THE SKY.
NO SUNNY DAYS THAT I CAN REMEMBER.
I HATE THIS MONTH, DON'T ASK ME WHY!

NOVEMBER 1

Em geral, o **a** após **w** soa como em **wash** [lavar] ou **watch** [relógio; observar]. Das palavras abaixo, destaque a única em que isso não acontece, sendo o **a** pronunciado como em **man**.

a) **wallet** [carteira de notas];
b) **swan** [cisne];
c) **swap** [troca; trocar];
d) **swam** [pret. de **swim** (nadar)];
e) **wander** [andar sem rumo];
f) **wasp** [vespa; marimbondo];
g) **waffle** [espécie de panqueca];
h) **swamp** [pântano].

NOVEMBER 2

No adjetivo **necessary** [necessário/a] pronunciam-se quatro sílabas, acentuando-se a:

a) primeira [NECessary];
b) segunda [necEssary].

Já no substantivo **necessity** [necessidade], que também tem quatro sílabas, acentua-se a:

a) primeira [NEcessity];
b) segunda [neCESSity].

NOVEMBER 3

Nas palavras da esquerda, o **i** tem som de /aɪ/, como em **bite**. Nas da direita, o **i** tem o som breve de /ɪ/, como em **bit**. Mas há um "intruso" em cada coluna, para você identificar.

virus [vírus]	**spinach** [espinafre]
viaduct [viaduto]	**timber** [madeira]
tiny [minúsculo/a]	**cipher** [cifra; código]
lively [animado/a; vivo/a]	**lizard** [lagarto]
chisel [cinzel; esculpir]	**sinew** [tendão]

NOVEMBER

4

Rimas. Combine as colunas, encontrando as palavras que rimam.

1. **gauge** [calibre; bitola; medir]	a) **cool** [fresco/a]
2. **suede** [camurça]	b) **come** [vir]
3. **crumb** [migalha]	c) **rage** [raiva]
4. **lonely** [só, solitário/a]	d) **shade** [sombra]
5. **rule** [regra; reinar; dominar]	e) **only** [só, apenas]

NOVEMBER

5

Suspect [*s.* suspeito/a; *v.* suspeitar];

subject [*s.* assunto, matéria; súdito; *v.* subjugar; sujeitar];

survey [*s.* estudo; pesquisa; *v.* estudar; pesquisar].

Nas palavras em destaque, quando substantivos, o acento é na:

a) primeira sílaba; b) segunda sílaba.

Quando são usadas como verbos, a sílaba tônica é a:

a) primeira; b) segunda.

NOVEMBER 6

Todas as palavras deste item são monossilábicas e rimam com **all** [tudo; todos/as] ou **small** [pequeno/a]. Somente uma destoa, sendo o som da vogal /æ/, como em **b<u>a</u>d**. Qual é essa (importante) palavra?

a) **tall** [alto/a];
b) **crawl** [rastejar];
c) **bawl** [berrar; gritar];
d) **stall** [barraca; banca];
e) **haul** [puxar; transportar];
f) **shall** (*v. aux. futuro*);
g) **gall** [bílis];
h) **shawl** [xale];
i) **Gaul** [gaulês];
j) **Saul** (nome próprio bíblico).

NOVEMBER 7

Em geral, o **w** altera o som das vogais que o seguem. Qual das afirmações abaixo é incorreta?

a) **Dwarf** [anão/anã] rima com **wharf** [cais], mas não com **scarf** [cachecol].
b) **Swarm** [enxame] rima com **warm** [quente], mas não com **harm** [mal; fazer mal a].
c) **Thwart** [frustrar; opor-se a] rima com **wart** [verruga], mas não com **smart** [esperto/a; elegante].
d) **Swan** [cisne] rima com **on** [em; sobre], mas não com **John** (nome próprio).

NOVEMBER **8**

Nas palavras deste item, quatro são acentuadas na primeira sílaba e seis na segunda. Marque (1.ª) ou (2.ª) nos parênteses após cada palavra, de acordo com a acentuação correta.

a) **mystery** [mistério] ( );
b) **capable** [capaz] ( );
c) **performance** [desempenho] ( );
d) **recital** [recital] ( );
e) **mysterious** [misterioso/a] ( );
f) **abandon** [abandonar] ( );
g) **ignorant** [ignorante] ( );
h) **effort** [esforço] ( );
i) **inevitable** [inevitável] ( );
j) **suffice** [bastar] ( ).

NOVEMBER **9**

Em **sieve** [peneira], ao contrário do que indica a ortografia, a parte em destaque tem o som breve de /ɪ/. **Sieve** rima com:

a) **give** [dar] e **live** [morar; viver];

b) **eve** [véspera] e **leave** [deixar; sair; partir].

NOVEMBER **10**

Este item é sobre o som do **i** em:

striven [part. de **strive** (lutar, esforçar-se)];

stricken [part. de **strike** (atingir, bater (em))];

risen [part. de **rise** (subir; levantar-se)];

arisen [part. de **arise** (surgir)];

driven [part. de **drive** (dirigir)].

Nas formas de particípio, em contraste com o som da vogal no infinitivo, o **i** tem som de:

a) /ɪ/; b) /aɪ/.

NOVEMBER 11

Em geral, o **a** após **qu** soa como em **quality** [qualidade]. Isso acontece nas palavras deste item, à exceção de uma. Nessa palavra o **a** tem som de /eɪ/, como em **date**. Qual é ela?

a) **quarrel** [briga; brigar];

b) **quasar** [quasar, fonte de radiação estelar];

c) **qualify** [qualificar-se];

d) **quarry** [pedreira];

e) **quarantine** [quarentena];

f) **squad** [equipe; esquadrão];

g) **squat** [agachar-se];

h) **quantity** [quantidade].

NOVEMBER 12

Em alguns nomes geográficos ingleses, a pronúncia é bem afastada da ortografia. Nos nomes das cidades abaixo, uma das partes (o **-ce**) é "engolida" na pronúncia. Combine as colunas, encontrando os sons correspondentes.

1. **Leicester** — a) Rima com **sister** [irmã].
2. **Gloucester** — b) Rima com **poster** [cartaz].
3. **Worcester** — c) Rima com **Chester** (cidade).
4. **Towcester** — d) Rima com **foster** [adotar; promover].
5. **Bicester** — e) Soa como **Wooster** (sobrenome).

NOVEMBER 13

Necklace [colar] e **shoelace** [cordão — para sapato] não rimam. Numa dessas palavras o **a** é /ə/, vogal fraca, átona, e tem som de /eɪ/ na outra, que rima com **face** ou **space**. Identifique-as.

NOVEMBER

14

Nomes do cinema. Combine as colunas, de acordo com a pronúncia dos nomes dos atores abaixo destacados.

1. Kirk e Michael **Douglas**	a) O **r** é mudo. Rima com **lions**.
2. Burt **Reynolds**	b) Tem duas sílabas; o **gh** é mudo.
3. Sir Laurence **Olivier**	c) A 1ª sílaba rima com **rug**.
4. Jeremy **Irons**	d) O som final rima com **day**.
5. Kenneth **Branagh**	e) A 1ª sílaba rima com **ten**.

NOVEMBER

15

Nos nomes próprios deste item, o **th** é consoante surda, pronunciada entre dentes, como em **<u>th</u>ink** [pensar] ou **mon<u>th</u>** [mês]. Só um deles destoa, pronunciando-se só /t/, com o **h** mudo. Qual é esse nome?

Martha	**Luther**
Thomas	**Ruth**
Theo	**Mathias**

NOVEMBER

16

Nas palavras da esquerda, o **g** tem som de /g/, como em **<u>g</u>et**. Nas da direita, o **g** tem som de /dj/, como em **<u>g</u>iant** [gigante]. Mas há um "intruso" em cada coluna, para você descobrir.

geyser [gêiser]	**magician** [mágico/a]
algae [algas]	**syringe** [seringa]
gill [guelra]	**gear** [engrenagem; marcha]
girdle [cinta]	**lozenge** [losango; pastilha]

NOVEMBER

17

Observe as características comuns às palavras abaixo:

engine [motor];

famine [fome];

practice/practise [prática; praticar];

promise [promessa; prometer].

Todas são dissilábicas, acentuando-se a primeira sílaba. Na última sílaba o **i** tem som de:

a) /ɪ/ como em **win** [vencer];

b) /aɪ/ como em **wine** [vinho].

Já em **examine** [examinar] e **determine** [determinar], há três sílabas, com acento tônico na segunda. O **i** tem som de:

a) /ɪ/; b) /aɪ/.

NOVEMBER

18

Em **expert** [perito/a, especialista] há duas sílabas, acentuando-se a primeira [EXpert], que rima com **sex** [sexo]. Já **expertise** [perícia, *know-how*] tem três sílabas, acentuando-se principalmente a última [experTISE], que soa como **tease** [provocar, "mexer"], o **i** com som de:

a) /aɪ/, rimando com **size** [tamanho];

b) /iː/, rimando com **cheese** [queijo].

NOVEMBER

19

Marque **T** (True) ou **F** (False) nos parênteses após cada afirmação.

1. **Donor** [doador(a)] rima com **honour/honor** [honra]. ( )
2. **Component** [componente] rima com **opponent** [oponente], ambas acentuadas na segunda sílaba [comPOnent, oPPOnent]. ( )
3. **Indict** [indiciar] rima com **invite** [convidar]. ( )
4. **Contribute** [contribuir] rima com **distribute** [distribuir], ambas acentuadas na segunda sílaba [conTRIBute, disTRIBute]. ( )
5. **Fasten** [apertar; fixar] rima com **hasten** [apressar(-se)]. ( )

NOVEMBER

20

Nomes da música. Combine as colunas, de acordo com a pronúncia dos nomes abaixo destacados.

1. Sarah **Vaughan**	a) Soa como **burn** [queimar].
2. **Vangelis**	b) Rima com **leather** [couro]; o **ea** soa /e/.
3. David **Byrne**	c) Acentua-se a 2.ª sílaba; o **g** soa /dj/.
4. **Heather** Small	d) Tem uma sílaba só, o **gh** mudo.
5. Peter **Townshend**	e) O **s** tem som de /z/ e o **h** é mudo.

NOVEMBER 21

Nas palavras da esquerda, o **ch** tem som de /k/. Nas da direita o som é de /tʃ/ como em **church**. Mas há um "intruso" em cada coluna, para você descobrir.

orchid [orquídea]	**treachery** [traição]
archaic [arcaico/a]	**treacherous** [traiçoeiro/a]
spinach [espinafre]	**orchard** [pomar]
anarchy [anarquia]	**epoch** [época]
chameleon [camaleão]	**mischievous** [travesso/a]
stomach [estômago]	**chapel** [capela]

NOVEMBER 22

Nas palavras deste item, todas terminadas em **-ile**, o **i** tem som de /aɪ/ tanto no inglês-padrão da GB quanto no dos EUA.

exile [exílio; exilar]

profile [perfil]

reconcile [reconciliar(-se)]

crocodile [crocodilo]

gentile [gentio/a, pessoa que não é judia]

senile [senil]

Todas elas rimam com:

a) **meal** [refeição]; b) **mile** [milha].

NOVEMBER 23

Rimas. Combine as colunas, encontrando as palavras que rimam.

1. **streak** [listra; traço]	a) **dream** [sonho; sonhar]
2. **sliver** [farpa; caco]	b) **lord** [senhor]
3. **shrewd** [sagaz, astuto/a]	c) **speak** [falar]
4. **scheme** [esquema; tramar]	d) **food** [comida]
5. **sword** [espada]	e) **liver** [fígado]

NOVEMBER 24

Marque **T** (True) ou **F** (False) nos parênteses após cada afirmação.

1. **Oven** [forno] rima com **woven** [part. de **weave** (tecer)]. ( )

2. Na pronúncia mais comum, **caffeine** e **protein** têm ambas duas sílabas. ( )

3. **Smooth** [macio/a; suave] rima com **tooth** [dente]. ( )

4. **Owl** [coruja] rima com **bowl** [tigela]. ( )

5. **Admirable** [admirável], **desirable** [desejável] e **preferable** [preferível] são todas acentuadas na primeira sílaba. ( )

NOVEMBER 25

Qual das afirmações abaixo não é verdadeira?

a) **Fur** [pele — de animal] rima com **err** [errar], mas não com **stir** [mexer (com colher); agitar].
b) **Hose** [mangueira] rima com **nose** [nariz], mas não com **dose** [dose].
c) **Injure** [ferir; machucar] rima com **ginger** [gengibre], mas não com **finger** [dedo].

NOVEMBER 26

Nomes da literatura. Combine as colunas adequadamente, quanto à pronúncia dos nomes em destaque.

1. John **Donne**	a) Rima com **waits** [espera].
2. **Geoffrey** Chaucer	b) O **g** soa /dj/ como em **gesture** [gesto].
3. Geoffrey **Chaucer**	c) A 1.ª sílaba rima com **push** [empurrar].
4. Anthony **Burgess**	d) Soa como **done**; rima com **fun**.
5. Salman **Rushdie**	e) O **o** é mudo; soa como **Jeffrey**.
6. W. B. **Yeats**	f) Rima com **saucer** [pires].

*(**1.** poeta inglês ("No man is an island, entire of itself; every man is a piece of the continent, a part of the main."); **2.** e **3.** escritor inglês (*Os contos de Canterbury*); **4.** escritor inglês (*A laranja mecânica*); **5.** escritor britânico de origem indiana (*Versos satânicos*); **6.** poeta irlandês, prêmio Nobel de Literatura em 1923.)*

NOVEMBER 27

Taut [tenso/a; esticado/a, retesado/a] soa como **taught** [pret. e part. de **teach** (ensinar)] e NÃO rima com:

a) **bought** [pret. e part. de **buy** (comprar)];
b) **out** [fora];
c) **caught** [pret. e part. de **catch** (pegar, agarrar)].

NOVEMBER **28**

Nas palavras da esquerda, o **ea** tem som de /i:/, como em **read** [ler]. Nas da direita, o **ea** tem som de /e/, como no pretérito e particípio desse mesmo verbo. Mas há um "intruso" em cada coluna, para você descobrir.

beacon [farol]	**weapon** [arma]
beaker [copo de laboratório]	**zealot** [fanático/a]
heath [charneca; urze]	**meadow** [prado; campina]
Heather (nome próprio feminino)	**treaty** [tratado]
wreath [coroa — de flores]	**heaven** [céu, paraíso]
heathen [pagão/pagã]	**steady** [firme; estável]

NOVEMBER **29**

Nas palavras deste item o **l** é mudo, e o **a** tem o som longo e aberto de /ɑ:/, como em **father**. Numa delas, porém, o **a** tem som de /æ/, como em **Sam**. Qual é essa palavra?

a) **palm** [palma; palmeira];
b) **calm** [calmo; calma];
c) **alms** [esmola];
d) **salmon** [salmão/salmões];
e) **qualm** [escrúpulo];
f) **balm** [bálsamo];
g) **embalm** [embalsamar];
h) **psalm** [salmo].

NOVEMBER

30

Observe as letras destacadas nas palavras deste item. Os fonemas correspondentes são pronunciados:

a) em sílabas separadas, cada um com seu som;

b) juntos, na mesma sílaba, por formarem dígrafos.

inhabit [habitar]

inhabitant [habitante]

grasshopper [gafanhoto]

inhale [inalar]

duet [dueto]

oasis [oásis]

inherit [herdar]

inheritance [herança]

mishap [contratempo]

haphazard [desorganizado/a]

penthouse [apartamento de cobertura]

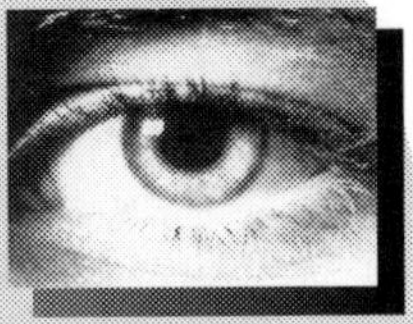

A Second Look at NOVEMBER

Assinale as SUAS questões deste mês.

Das 30 questões de novembro, ____ tinham novidades para mim.

Marquei _____ pontos, um para cada resposta certa.

Destaquei estas palavras:

DECEMBER

THESE ARE DAYS OF COLD AND SNOW,
BUT TODAY I'M FEELING FINE.
THIRTY-ONE MORE DAYS TO GO,
AND WE'LL SEE THE FINISH LINE.

DECEMBER

1

Em algumas palavras inglesas, também usadas em português, ocorrem grupos consonantais que são estranhos à nossa língua, o que dificulta a pronúncia correta. Por exemplo, o **s** inicial seguido de outra consoante, como em

slide, **slogan**, **smoking**, **spot**, **spray**

e muitas outras. A tendência é de se acrescentar uma vogal de apoio, um /i/ no início da palavra. Essa pronúncia, em inglês, é:

a) correta; b) incorreta

e deve ser evitada. Já em **escape** [escapar; fugir], pronunciam-se:

a) duas sílabas; b) três sílabas,

acentuando-se a última [eSCAPE], que rima com **tape**. O **e** da primeira sílaba é pronunciado, com som de:

a) /e/; b) /ɪ/.

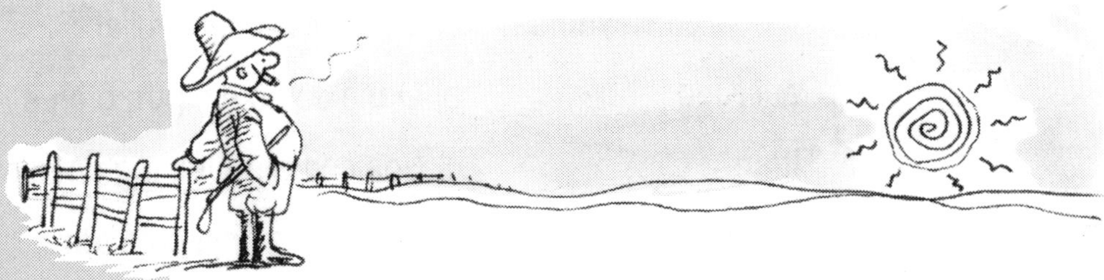

DECEMBER
2

Ainda a propósito do item anterior, devemos comparar a pronúncia de **state** [estado; afirmar], que tem uma sílaba só:

a) pronunciando-se uma vogal;

b) sem nenhum som vocálico

no início da palavra, e de **estate** [grande propriedade rural; bens, patrimônio], que tem duas sílabas, acentuando-se a última [eSTATE], em que o **e** inicial:

a) é pronunciado;

b) não é pronunciado.

DECEMBER
3

Nas palavras deste item, todas plurais e derivadas do latim, o **i** final tem som de /aɪ/, rimando com:

a) **be**;	b) **by**.
alumni [ex-alunos]	**cacti** [cactos]
nuclei [núcleos]	**Gemini** [Gêmeos — signo]
stimuli [estímulos]	**radii** [raios — geometria]

DECEMBER

4

Nomes da pintura. Combine as colunas, de acordo com a pronúncia dos nomes dos artistas abaixo destacados.

1. Sir Joshua **Reynolds**	a) Soa como **clay** [argila].
2. Paul **Klee**	b) O **u** é como em **pu̲t**; o **ch** é /k/.
3. **Titian**	c) Soa como **go** [ir], o **gh** mudo*.
4. Andy **Warhol**	d) A 1ª sílaba rima com **ten**.
5. Edvard **Munch**	e) A 1ª sílaba rima com **dish**.
6. Vincent **Van Gogh**	f) Soa como **war hole**.

* na pronúncia dos EUA

Em geral, nas palavras (principalmente adjetivos) terminadas em **-ile**, o **i** tem som de /aɪ/, rimando com **mile** ou **smile** na pronúncia:

a) britânica; b) americana.

Nessas mesmas palavras, o **i** soa /ə/, vogal fraca, átona, quase imperceptível, seguida de /l/ na pronúncia:

a) britânica; b) americana.

Isso acontece, de maneira geral, em:

docile [dócil]; **fertile** [fértil];

missile [míssil]; **sterile** [estéril];

virile [viril]; **versatile** [versátil].

Há palavras em que, nos EUA, a forma rimando com **mile** ou **smile** é também comum, como por exemplo:

agile [ágil]; **infantile** [infantil];

juvenile [juvenil]; **reptile** [réptil];

textile [têxtil]; **fragile** [frágil];

futile [fútil]; **hostile** [hostil].

Estas rimam com **mile** ou **smile**:

a) só na pronúncia britânica;

b) na GB e também nos EUA.

DECEMBER 6

As frases abaixo devem ser completadas, *em rima*, com os nomes destas cidades inglesas: **Leicester**, **Gloucester**, **Worcester**. Observe que na pronúncia de cada um desses nomes há apenas duas sílabas.

a) Dr. **Foster** went to ______________________

b) Ann and **Chester** went to __________________

c) Bertie **Wooster** went to ___________________

DECEMBER 7

Rimas. Combine as colunas, encontrando as palavras que rimam.

1. **cupboard** [armário]	a) **succeed** [conseguir]
2. **Pisces** [Peixes — signo]	b) **entitle** [proporcionar]
3. **forehead*** [testa]	c) **crises** [crises]
4. **impede** [estorvar]	d) **Hubbard** (sobrenome)
5. **recital** [recital]	e) **horrid** [horrível]

DECEMBER 8

Infamous [infame; vergonhoso/a] difere de **famous** [famoso/a] não só no significado mas também na pronúncia. A sílaba acentuada é a primeira [INfamous] e, em contraste com o som do **a** em **f<u>a</u>mous**, a vogal em **inf<u>a</u>mous** soa:

a) /eɪ/; b) /ə/, vogal fraca, átona.

* *numa de suas formas de pronúncia*

DECEMBER 9

Homófonos. Combine as colunas com as palavras que, apesar de grafia e significado diferentes, têm a mesma pronúncia.

1. **aisle** [corredor, passagem]	a) **taught** [pret. e part. de **teach**]
2. **Sioux** (nação indígena)	b) **I'll** (contração de **I will**)
3. **taut** [tenso/a; esticado/a]	c) **sue** [processar]
4. **bough** [ramo, galho]	d) **lone** [solitário/a]
5. **loan** [empréstimo; emprestar]	e) **bow** [proa; reverência]

DECEMBER 10

Nas palavras da esquerda, o **y** tem o som breve de /ɪ/, como em **typical** [típico/a]. Nas da direita, o **y** tem som de /aɪ/ como em **type** [tipo]. Mas há um "intruso" em cada coluna, para você descobrir.

myth [mito]	**tyrant** [tirano/a]
mythology [mitologia]	**tyranny** [tirania]
mythological [mitológico/a]	**thyroid** [tireóide]
dynamo [dínamo]	**typhus** [tifo]
Plymouth (cidade inglesa)	**hybrid** [híbrido/a]
pyramid [pirâmide]	**gynecology** [ginecologia]
syrup [xarope]	**gynecologist** [ginecologista]

E **dynasty** [dinastia] seria incluída na coluna da esquerda na pronúncia:

a) britânica; b) americana,

e na coluna da direita na outra variante do inglês.

DECEMBER **11**

Em cada seqüência abaixo, as vogais em destaque têm sons diferentes, como, por exemplo, **nature/natural**. Identifique a seqüência em que a vogal tem o mesmo som nas duas palavras.

a) **extreme** [extremo/a]; **extremity** [extremidade].

b) **serene** [sereno/a]; **serenity** [serenidade].

c) **obese** [obeso/a]; **obesity** [obesidade].

d) **obscene** [obsceno/a]; **obscenity** [obscenidade].

e) **sincere** [sincero/a]; **sincerity** [sinceridade].

f) **severe** [severo/a]; **severity** [severidade].

DECEMBER **12**

Combine as colunas, com a pronúncia dos nomes em destaque.

1. **Sean** (Sean Connery) a) Rima com **jelly** [geléia].
2. **Shelley** (Mary Shelley) b) Soa como **shone** [pret. de **shine**]*.
3. **Seul** (capital coreana) c) Rima com **Clayton** (John Clayton).
4. **Satan** [Satã, Satanás] d) Rima com **Paul** (Paul Newman).
5. **Saul** (rei dos hebreus) e) Soa como **soul** [alma].

* *na pronúncia britânica*

DECEMBER 13

Na pronúncia dos EUA, todas as palavras em destaque têm quatro sílabas, à exceção de uma, que tem três. Identifique essa palavra.

a) **secretary** [secretário/a];
b) **necessary** [necessário/a];
c) **dictionary** [dicionário];
d) **military** [militar(es)];
e) **library** [biblioteca];
f) **voluntary** [voluntário/a];
g) **missionary** [missionário/a];
h) **monetary** [monetário/a];
i) **momentary** [momentâneo/a];
j) **secondary** [secundário/a].

DECEMBER 14

Nas palavras do item anterior, o acento tônico recai na:

a) primeira sílaba; b) segunda sílaba.

Na pronúncia britânica, o **a** da terminação **-ary** é /ə/, vogal fraca, átona, quase imperceptível, o que resulta numa emissão mais rápida. Na GB muitas das palavras do item anterior podem ser pronunciadas com apenas:

a) duas sílabas; b) três sílabas.

Na pronúncia norte-americana, esse **a** tem som aberto, de /e/, e a sua penúltima sílaba:

a) tem acento secundário (é subtônica);
b) não é acentuada.

Nos EUA as sílabas dessas palavras são pronunciadas de forma mais equilibrada.

DECEMBER 15

Booth [cabine; barraquinha] rima com **smooth** [liso/a; macio/a; suave] na pronúncia:

a) britânica; b) americana,

e com **tooth** [dente] na:

a) britânica; b) americana.

DECEMBER 16

Rimas. Combine as colunas encontrando as palavras que rimam.

1. **siren** [sirene]	a) **borough** [município]
2. **sleuth** [detetive]	b) **paper** [papel; jornal]
3. **thorough** [completo/a]	c) **Byron** (poeta inglês)
4. **trophy** [troféu]	d) **youth** [juventude]
5. **vapour/vapor** [vapor]	e) **Sophie** (nome próprio)

DECEMBER 17

Nas palavras da esquerda, o **y** tem som de /aɪ/ como em **cycle** [ciclo]. Nas da direita, o **y** tem o som breve de /ɪ/, como em **bicycle** [bicicleta]. Mas há um "intruso" em cada coluna, para você descobrir.

Cyprus [Chipre]	**cynic** [*s.* cínico/a]
cyclone [ciclone]	**cynical** [*adj.* cínico/a]
encyclopedia [enciclopédia]	**cypress** [cipreste]
cypher [cifra; código]	**cylinder** [cilindro]
cymbals [pratos — música]	**cylindrical** [cilíndrico/a]

DECEMBER

18

A terminação **-ed** do pretérito e particípio dos verbos regulares pronuncia-se de acordo com o som final do infinitivo do verbo. Em geral o **e** é mudo e a terminação é /d/ ou /t/, não sendo pronunciada como sílaba separada. Assim, a terminação é /d/ quando o infinitivo terminar em som vocálico (**di<u>e</u>**, **pla<u>y</u>**, **foll<u>ow</u>**, etc.) ou de consoante sonora (**ca<u>ll</u>**, **lo<u>v</u>e**, **see<u>m</u>**, **ope<u>n</u>**, etc.). Nesses casos o **-ed** soa /d/:

a) aumentando; b) não aumentando

o número de sílabas do verbo. Assim, tanto **die** quanto **died** tem:

a) uma sílaba; b) duas sílabas,

follow/followed tem:

a) duas sílabas; b) três sílabas,

e **open/opened** tem:

a) duas sílabas; b) três sílabas.

DECEMBER

19

Ainda sobre o ponto abordado no item anterior, o **-ed** é pronunciado como /t/ quando o infinitivo do verbo regular terminar em som de consoante surda (**stop**, **work**, **kiss**, **wash**, etc.). Nesses casos o **-ed** soa /t/,

a) aumentando; b) não aumentando

o número de sílabas do verbo. Assim, tanto **stop** quanto **stopped** tem:

a) uma sílaba; b) duas sílabas.

Kiss/kissed tem:

a) uma sílaba; b) duas sílabas.

DECEMBER

20

Sempre que o infinitivo de um verbo regular terminar em /d/ (**need**, **add**, **grade**, etc.) ou /t/ (**start**, **wait**, **hate**, etc.) o **-ed** é pronunciado como /ɪd/:

a) em sílaba separada;
b) sem o acréscimo de sílaba.

Assim, **need** e **wait** têm ambos uma sílaba só, mas **needed** e **waited** têm ambos:

a) uma sílaba; b) duas sílabas.

DECEMBER
21

Em cada seqüência abaixo, assinale o verbo em que a terminação **-ed** é pronunciada /ɪd/, com o conseqüente acréscimo de uma sílaba ao infinitivo do verbo.

1. a) rain/rain**ed**; b) help/help**ed**; c) paint/paint**ed**.
2. a) aid/aid**ed**; b) cook/cook**ed**; c) pass/pass**ed**.
3. a) push/push**ed**; b) visit/visit**ed**; c) seem/seem**ed**.
4. a) clean/clean**ed**; b) arrive/arriv**ed**; c) need/need**ed**.
5. a) want/want**ed**; b) call/call**ed**; c) like/lik**ed**.

DECEMBER
22

Em cada seqüência abaixo, as vogais em destaque têm sons diferentes, como, por exemplo, **nation**/**national**. Identifique a seqüência em que a vogal tem o mesmo som nas duas palavras.

a) **volcano** [vulcão]; **volcanic** [vulcânico/a].

b) **sane** [são/sã]; **sanity** [sanidade].

c) **compete** [competir]; **competitor** [competidor(a)].

d) **athlete** [atleta]; **athletic** [atlético/a].

e) **scene** [cena]; **scenic** [panorâmico/a].

f) **diabetes** [diabete]; **diabetic** [diabético/a].

DECEMBER

23

Nas palavras deste item, duas são acentuadas na primeira sílaba, cinco na segunda e três na terceira sílaba. Marque (1ª), (2ª) ou (3ª) nos parênteses após cada palavra, de acordo com a acentuação correta.

a) **prevent** [impedir] ( );
b) **refugee** [refugiado/a] ( );
c) **Catholic** [católico/a] ( );
d) **cigar** [charuto] ( );
e) **personal** [*adj.* pessoal] ( );
f) **personnel** [*s.* pessoal] ( );
g) **descendant** [descendente] ( );
h) **referee** [juiz] ( );
i) **insurance** [seguro] ( );
j) **consultant** [consultor] ( ).

DECEMBER

24

Em **Christmas** [Natal], o **t** não é pronunciado. Nos parênteses após as palavras deste item escreva a(s) letra(s) muda(s).

1. **sword** [espada] ( );
2. **soften** [suavizar] ( );
3. **muscle** [músculo] ( );
4. **yacht** [iate] ( );
5. **isle** [ilha] ( );
6. **castle** [castelo] ( );
7. **mortgage** [hipoteca] ( );
8. **heiress** [herdeira] ( );
9. **diaphragm** [diafragma] ( );
10. **corps** [corpo] ( ).

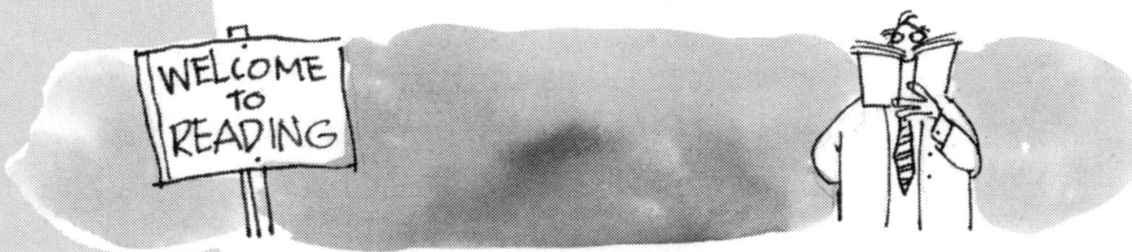

DECEMBER 25

Nomes geográficos. Marque **T** (True) ou **F** (False) nos parênteses após cada afirmação.

1. **Reading**, nome de uma cidade da Inglaterra e duas dos EUA, rima com **wedding** [casamento]. ( )
2. **Mississippi**, nome do rio e estado do sul dos EUA, escreve-se com 4 **i**, 4 **s** e 1 **p**. ( )
3. **Hague** [Haia], cidade sede de governo da Holanda, tem uma sílaba só, rimando com **vague** [vago/a]. ( )
4. Em **Cambridge**, cidades da Inglaterra e dos EUA, a primeira sílaba soa como **came** [pret. de **come** (vir)]. ( )
5. Em **Edinburgh**, capital da Escócia, a segunda parte da palavra soa como a segunda parte de **Pittsburgh**, cidade da Pennsylvania, EUA. ( )
6. **Seul**, capital da Coréia do Sul, tem uma sílaba só, soando como **soul** [alma]. ( )
7. Em **Connecticut**, um dos estados dos EUA, o segundo **c** é mudo. ( )

DECEMBER 26

Qual das afirmações abaixo não é verdadeira?

a) **Warden** [guarda] rima com **Gordon** (nome próprio), mas não com **garden** [jardim].

b) **Cashier** [caixa — de loja, banco, etc.] rima com **frontier** [fronteira] na pronúncia dos EUA, mas não com **frontier** na pronúncia da GB.

c) **Bruise** [contusão; contundir] rima com **cruise** [cruzeiro; viajar], mas não com **whose** [de quem; cujo/a].

DECEMBER 27

Em cada seqüência abaixo, as vogais em destaque têm sons diferentes como, por exemplo, **n<u>a</u>tion/n<u>a</u>tional**. Identifique a seqüência em que a vogal tem o mesmo som nas duas palavras.

a) **cr<u>i</u>me** [crime]; **cr<u>i</u>minal** [criminoso/a].

b) **h<u>e</u>ro** [herói]; **h<u>e</u>roism** [heroísmo].

c) **r<u>i</u>val** [rival]; **r<u>i</u>valry** [rivalidade].

d) **dec<u>i</u>sion** [decisão]; **dec<u>i</u>sive** [decisivo/a].

e) **imp<u>e</u>de** [estorvar]; **imp<u>e</u>diment** [estorvo].

f) **supr<u>e</u>me** [supremo/a]; **supr<u>e</u>macy** [supremacia].

SAY IT RIGHT!

DECEMBER 28

Nas palavras deste item, três são acentuadas na primeira sílaba, cinco na segunda e duas na terceira sílaba. Marque (1.ª), (2.ª) ou (3.ª) nos parênteses após cada palavra, de acordo com a acentuação correta.

a) **colossal** [colossal] ( );
b) **anniversary** [aniversário] ( );
c) **propeller** [hélice] ( );
d) **benefit** [benefício] ( );
e) **massacre** [massacre] ( );
f) **discipline** [disciplina] ( );
g) **cathedral** [catedral] ( );
h) **penicillin** [penicilina] ( );
i) **detective** [detetive] ( );
j) **clandestine** [clandestino/a] ( ).

DECEMBER 29

Gabriela, Clove and Cinnamon é o título, em inglês, de um dos mais conhecidos romances do mestre Jorge Amado. Em **cinnamon** [canela], o acento tônico recai na:

a) primeira sílaba; b) segunda sílaba; c) última sílaba.

Já em **persimmon** [caqui], a sílaba tônica é a:

a) primeira; b) segunda; c) última.

DECEMBER 30

Observe a acentuação das palavras em destaque.

contract [contrato; contrair(-se)]
increase [aumento; aumentar]
object [objeto; fazer objeção]
present [presente; apresentar]
progress [progresso; progredir]
rebel [rebelde; rebelar-se]
refuse [lixo; recusar-se]
escort [escolta; escoltar]
insult [insulto; insultar]
permit [permissão; permitir]
produce [produto; produzir]
project [projeto; projetar]
record [disco; gravar]
reject [refugo; rejeitar]

Essas palavras, quando substantivos, acentuam-se na:

a) primeira sílaba; b) segunda ou última sílaba.

Quando usadas como verbos, acentuam-se na:

a) primeira sílaba; b) segunda ou última sílaba.

DECEMBER 31

Em cada seqüência abaixo, as vogais em destaque têm sons diferentes, como, por exemplo, em **pl<u>ea</u>se**/**pl<u>ea</u>sant**. Identifique a seqüência em que a vogal tem o mesmo som nas duas palavras.

a) **sph<u>e</u>re** [esfera]; **sph<u>e</u>rical** [esférico/a].
b) **prec<u>o</u>city** [precocidade]; **prec<u>o</u>cious** [precoce].
c) **s<u>ou</u>th** [sul]; **s<u>ou</u>thern** [do sul].
d) **fl<u>a</u>me** [flama, chama]; **fl<u>a</u>mmable** [inflamável].
e) **s<u>i</u>gn** [aviso; assinar]; **s<u>i</u>gnal** [sinal; fazer sinal].
f) **b<u>a</u>se** [base; basear]; **b<u>a</u>sic** [básico/a].
g) **kn<u>o</u>w** [saber; conhecer]; **kn<u>o</u>wledge** [conhecimento].

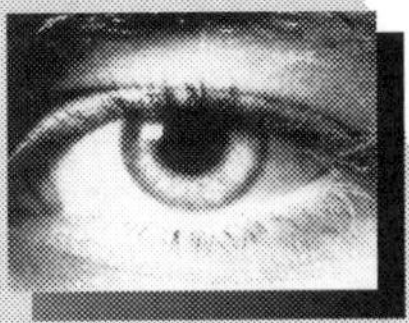

A Second Look at **DECEMBER**

Assinale as SUAS questões deste mês.

Das 31 questões de dezembro, ____ tinham novidades para mim.

Marquei _____ pontos, um para cada resposta certa.

Destaquei estas palavras:

THE END OF THE RACE IS HERE,
AND IT'S BEEN A PIECE OF CAKE!
AFTER RUNNING FOR A YEAR,
WE ALL NEED A LITTLE BREAK...

THE END

JANUARY

1 b; reward
2 a **3** b **4** b
5 a; b; a **6** b
7 b; b **8** c
9 b **10** b; b
11 a **12** b
13 b; b **14** a
15 b **16** a
17 a **18** a
19 b **20** a
21 b **22** b
23 b **24** e
25 a; a **26** b
27 b **28** b
29 a **30** b
31 a; b

FEBRUARY

1 d **2** a **3** a
4 a **5** c **6** a
7 b; b **8** b
9 b **10** a
11 a) pear; b) bear; c) wear; d) tear; e) swear
12 a; a **13** b
14 a **15** a
16 b; a
17 b; a; a
18 a **19** b
20 b; a **21** b
22 a
23 c
24 a; Danish
25 d
26 1:c 2:e 3:a 4:b 5:d **27** b
28 c

MARCH

1 b **2** 1:c 2:e 3:d 4:a 5:b **3** c
4 1:c 2:e 3:a 4:b 5:d **5** b
6 c **7** 1:c 2:d 3:a 4:e 5:b
8 a **9** c
10 budget
11 a **12** c
13 1:d 2:c 3:e 4:a 5:b **14** 1:b 2:d 3:a 4:c 5:e
15 a; b
16 1:d 2:c 3:e 4:a 5:b **17** b
18 dinner; diner **19** b
20 b
21 1:e 2:d 3:c 4:a 5:b **22** a
23 a **24** c
25 c **26** 1:d 2:e 3:b 4:c 5:a
27 d **28** a; b
29 1:c 2:d 3:e 4:b 5:a **30** c
31 d; g

APRIL

1 1:b 2:d 3:e 4:a 5:c
2 a; b; a **3** a
4 1:c 2:e 3:a 4:d 5:b **5** a
6 1:d 2:e 3:a 4:b 5:f 6:c; a; b
7 1:c 2:e 3:b 4:a 5:d **8** b
9 b **10** 1:c 2:a 3:d 4:e 5:b
11 c **12** b; c
13 1:c 2:d 3:e 4:a 5:b **14** c
15 1:d 2:c 3:e 4:a 5:b **16** b
17 a; a **18** 1:c 2:a 3:d 4:e 5:b
19 b **20** 1:c 2:d 3:a 4:e 5:b
21 a **22** a
23 b **24** 1:b 2:d 3:c 4:a 5:e
25 c **26** b
27 b; b **28** 1:c 2:e 3:d 4:a 5:b
29 a **30** a

MAY

1 1:c 2:e 3:a 4:b 5:d **2** a **3** b
4 b **5** a **6** b
7 b **8** a letra t
9 c **10** f **11** b
12 a; b **13** a
14 1:b 2:e 3:a 4:c 5:d
15 1-2:b; 3-4:a
16 b **17** a; b
18 creature; endeavour/ endeavor
19 c
20 b; c
21 chandelier; chemistry
22 1:e 2:c 3:d 4:a 5:b **23** b;

sem exceções

24 b

25 dread

26 c **27** d

28 war **29** b

30 c **31** great; sweat; threat

JUNE

1 c **2** a; b

3 c; f **4** h

5 f; j; b **6** a

7 grown; mown; a

8 1-2:b 3:a

9 b; b **10** b

11 1:b 2:c 3:a 4:e 5:d; a

12 1:c 2:d 3:a 4:b 5:e **13** b

14 1:e 2:c 3:b 4:a 5:d **15** a; b

16 b **17** 1:e 2:b 3:d 4:a 5:c

18 a; a **19** 1:c 2:d 3:b 4:a 5:e

20 1:b 2:c 3:a

21 a; b; a; b

22 g

23 delivery; nitrogen **24** c

25 a; b **26** a

27 b

28 triple; rhino/rhinoceros

29 b **30** a

JULY

1 1:b 2:c 3:a 4:e 5:d **2** b **3** b; b

4 a; b **5** b **6** b

7 effort

8 a; b **9** 1:c 2:d 3:e 4:a 5:b

10 b **11** b; a

12 miserable

13 1:c 2:e 3:d 4:b 5:a **14** b

15 1:b 2:c 3:d 4:e 5:a **16** a

17 a; b

18 precious; previous **19** b

20 b **21** a; b

22 1:c 2:d 3:a 4:e 5:b

23 country; county **24** 1:b 2:c 3:d 4:e 5:a

25 b **26** b

27 a; b **28** a

29 1:d 2:a 3:b 4:e 5:c **30** a; b

31 1. vow; 2. tow; 3. row

AUGUST

1 1:d 2:a 3:e 4:c 5:b **2** d **3** c; b

4 tyranny; cyclone **5** b

6 b **7** b

8 a; b; b **9** a; b

10 a **11** a; b

12 b **13** 1:c 2:d 3:e 4:a 5:b

14 c

15 a) said; b) plaid **16** b

17 c **18** a

19 c **20** a; b

21 a; b **22** b

23 engage

24 1:b 2:a 3:e 4:c 5:d **25** c

26 hydrogen; hypnosis

27 a; b **28** c

29 d **30** a

31 1:b 2:d 3:a 4:e 5:c

SEPTEMBER

1 a; b

2 haven; havoc

3 a **4** c; b

5 a; b **6** a; a; b

7 1. realm; 2. measles; 3. heathen **8** b

9 a; b

10 1. chore; 2. chalice; 3. chamber

11 1:d 2:e 3:c 4:a 5:b **12** c

13 c **14** d; h; i

15 honest; honour/honor

16 b

17 dissolve

18 a; b **19** a; b

20 f; i **21** a

22 shepherd

23 1:b 2:d 3:e 4:a 5:c **24** d

25 a; b **26** a; b

27 1:c 2:d 3:e 4:a 5:b

28 1:b 2:c 3:d 4:e 5:a **29** 1:b 2:c 3:a **30** f

OCTOBER

1 1:d 2:e 3:b 4:a 5:c **2** c **3** a **4** a **5** 1:e 2:d 3:a 4:c 5:b **6** 1:b 2:e 3:d 4:a 5:c **7** e **8** b **9** e; a **10** a; b **11** wilderness; Viking **12** b; b **13** c **14** g **15** b; a **16** a; b **17** huge **18** 1:d 2:c 3:e 4:a 5:b **19** f **20** 1. vine; 2. lily; 3. mimic **21** a /s/; b /z/; c /s/; d /z/; e /s/; a **22** a; b **23** b **24** d **25** a (2); b (3); c (1); d (2); e (3); f (1); g (1); h (2); i (1); j (2) **26** b; b; a **27** 1:b 2:d 3:e 4:a 5:c **28** a) hiccup; b) winding; c) ribbon **29** a; a; b **30** 1:c 2:e 3:d 4:a 5:b **31** 1:e 2:c 3:a 4:b 5:d

NOVEMBER

1 d **2** a; b **3** chisel; cipher **4** 1:c 2:d 3:b 4:e 5:a **5** a; b **6** f **7** d **8** a (1.ª); b (1.ª); c (2.ª); d (2.ª); e (2.ª); f (2.ª); g (1.ª); h (1.ª); i (2.ª); j (2.ª) **9** a **10** a **11** b **12** 1:c 2:d 3:e 4:b 5:a **13** necklace /ə/; shoelace /eɪ/ **14** 1:c 2:e 3:d 4:a 5:b **15** Thomas **16** algae; gear **17** a; a **18** b **19** 1(F); 2(T); 3(T); 4(T); 5(F) **20** 1:d 2:c 3:a 4:b 5:e **21** spinach; epoch **22** b **23** 1:c 2:e 3:d 4:a 5:b **24** 1(F); 2(T); 3(F); 4(F); 5(F) **25** a **26** 1:d 2:e 3:f 4:b 5:c 6:a **27** b **28** Heather; treaty **29** d **30** a

DECEMBER

1 b; a; b **2** b; a **3** b **4** 1:d 2:a 3:e 4:f 5:b 6:c **5** a; b; b **6** a) Gloucester; b) Leicester; c) Worcester **7** 1:d 2:c 3:e 4:a 5:b **8** b **9** 1:b 2:c 3:a 4:e 5:d **10** dynamo; tyranny; a **11** c **12** 1:b 2:a 3:e 4:c 5:d **13** e **14** a; b; a **15** a; b **16** 1:c 2:d 3:a 4:e 5:b **17** cymbals; cypress **18** b; a; a; a **19** b; a; a **20** a; b **21** 1:c 2:a 3:b 4:c 5:a **22** e **23** a (2.ª); b(3.ª); c(1.ª); d(2.ª); e(1.ª); f(3.ª); g(2.ª); h(3.ª); i(2.ª); j(2.ª) **24** 1(w); 2(t); 3(c;e); 4(ch); 5(s;e); 6(t;e); 7(t;e); 8(h;i); 9(g); 10(ps) **25** 1(T); 2(F); 3(T); 4(T); 5(F); 6(T); 7(T) **26** c **27** c **28** a(2.ª); b(3.ª); c(2.ª); d(1.ª); e(1.ª); f(1.ª); g(2.ª); h(3.ª); i(2.ª); j(2.ª) **29** a; b **30** a; b **31** f

Este livro foi impresso em dezembro de 2007
pela Prol Editora Gráfica Ltda. sobre papel offset 75g/m².